Beat Schaller

Die Macht der Tat

Beat
Schaller

Die Macht der Tat

Nur die Wirkung zählt

Signum | Wirtschaft

Besuchen Sie uns im Internet unter
www.signumverlag.de

Schutzumschlag: Wolfgang Heinzel
Satz: Fotosatz Völkl, Türkenfeld
Gesetzt aus der 12/16 Punkt Optima
Druck: Jos. C. Huber GmbH & Co. KG, Garching
Binden: Thomas Buchbinderei, Augsburg
Printed in Germany
ISBN: 3-85436-355-9

Inhalt

Die Begriffe werden durchgängig als Sammelnamen für beide Geschlechter gebraucht.

Vorwort

Selbstverständlich kann man das Buch lesen. Das Besondere daran ist jedoch: Man kann das Buch leben. Der Band ist lesenswert und lebenswert zugleich. Darin liegt der Reiz für die geneigte Leserin und den geneigten Leser, freilich auch die Herausforderung für den Verfasser. Offen gestehe ich, dass »Die Macht der Tat – Nur die Wirkung zählt« unter all meinen bisherigen Büchern das packendste und anspruchsvollste, das radikalste, vielleicht gar das schwierigste, gewiss das bewegendste ist.

Dabei gehe ich von einer ebenso nahe liegenden wie folgenreichen Erkenntnis aus: **Wir sehen an Menschen und Unternehmen heran. Selten in sie hinein. Definitiv verborgen bleiben die gewaltigen Wirkungen und Wirkungen der Wirkungen, die Menschen und Unternehmen auslösen.** Dies klingt überraschend einfach. Doch für Menschen und Unternehmen steht einiges auf dem Spiel: Machen sie nicht schöne Worte und hehre Taten, sondern ihre Wirkungen zum zentralen Prinzip, müssen sie sich konsequent an ihren Wirkungen beobachten, messen, bewerten lassen und – vielleicht am schmerzlichsten – erkennen, dass die erste grosse Revolution des 21. Jahrhunderts begonnen hat: der Mensch wird zum Wirkmenschen, die Gesellschaft zur Wirkungsgesellschaft.

Die erste große Revolution im 21. Jahrhundert ist Marketing und Programm zugleich. Marketing, um das Buch zu verkaufen. Klar. Klar und wahr ist auch das Programm: Informationstechnologie und Biotechnologie als die beiden großen Revolutionen des 20. Jahrhunderts, auch Sozialismus und Liberalismus als die beiden großen Revolutionen des 19. Jahrhunderts laufen leer – es sei denn, wir revolutionieren diese bis ins Jahre 2020 in eine schöne neue Wirkungsgesellschaft.

Es ist nicht nötig, das Buch von vorn bis hinten am Stück durchzulesen. Denn das Buch ist wie unser Leben selbst. **Es gibt stets verschiedene Zugänge, Vorgänge, Durchgänge, Aufgänge, Abgänge, Ausgänge.**

Für die Wirkungsgesellschaft fehlen der deutschen Gegenwartssprache teils die Begriffe. Eine neue Wirkweise schafft neue Bezeichnungen: **Ichlinge werden Wirklinge. Wort- und Tatmenschen werden zu Wirkmenschen.** Die Wirkungsgesellschaft löst die Wissensgesellschaft ab.

Ich widme das Buch meiner Frau Antonella und meiner Tochter Valentina. Vielleicht wird es ein Stück weit das

Buch ihres Lebens. Diese Wirkung, so wünsche ich mir, möge sich auch bei der Leserschaft einstellen. Werken Sie, wirken Sie und werden Sie Gesellschafterin oder Gesellschafter einer schönen neuen Wirkungsgesellschaft. Tragen Sie dazu bei, dass die erste große Revolution im 21. Jahrundert eine erste *wirksame* Revolution wird. In diesem Sinne könnte das Buch auch das Buch *Ihres* Lebens werden.

Frühjahr 2004 Dr. Beat Schaller

Nur die Wirkung zählt

Wegweiser für Wirkmenschen

Was Sie in den Händen halten, wirkt:

Keine Wunder

Arbeiten müssen Sie schon selbst. Spätestens jetzt ist der Zeitpunkt gekommen, Ihnen – geschätzte Leserin, geschätzter Leser – reinen Wein einzuschenken. Warum? Was Sie in Händen halten, wirkt keine Wunder. Sie müssen schon sich selbst bewegen, selbst einsetzen, selbst einbringen. Das ist ernüchternd gewiss, gewiss auch ehrlich.

Das Buch des Lebens gründet tiefer als die oberflächlichen Schaumschlägereien wortreicher Tausendsassas und teurer Warmluftprediger, die mit billigen Sprüchen wie »Du schaffst, was du willst, du musst es nur tun« in die Wolken stochern. Solcherart besessene Sprücheklopfer gehören zu den Eier legenden Wollmilchsäuen, die alle und alles können.

Da tut Bescheidenheit Not und gut: Ich lasse Sie nicht über Glasscherben oder heiße Holzkohle schreiten. Ich schlinge Ihnen auch keine Boa constrictor um den Hals. Und ich setze Ihnen auch keine Vogelspinne auf die Haut. Gänsehaut kriegen Sie nicht von Scherben, Spinnen, Schlangen.

Werden wir umgehend konkret. Wirkungen erzielen Sie, wenn Sie leben, wie zum Beispiel der Schichtarbeiter im Hamburger Hafen. Der ist ein Wirkmensch aus Fleisch und Blut wie Sie und ich. Er zaubert nicht. Er ist kein Heiliger. Er wirkt auch keine Wunder. Sein Werken ist harte Arbeit; denn er schlägt schwere Kaffeesäcke um. Zugleich ist sein Werken wirksame Arbeit: denn als Wirkungsmensch leistet er einen köstlichen Beitrag zur Wirkungsgesellschaft.

Gänsehaut kriegen Sie einzig von den Wirkungen, die der Schichtarbeiter mit seiner Arbeit erzeugt. Und wenn Sie die Entdeckung, die Offenlegung seiner verblüffenden Wirkungen als millionenfaches Wunder bezeichnen wollen, bitte sehr, da stimme ich Ihnen gerne zu.

Das Wirkwunder vom Hamburger Hafen

Der Schichtarbeiter – ein Wirkungsmillionär

Die Firma Kaffee-Lagerei N. H. L. Hinsch & Consorten im Hamburger Hafen beschäftigt sich mit Umschlag, Lagerung und Bearbeitung von Rohkaffee. Sie gilt als der führende Betrieb dieser Art weltweit. Eingebunden in die Neumann Kaffee Gruppe, gehört sie zur Weltmarktführerin im Rohkaffeehandel.

Hinsch & Consorten betreibt im Hamburger Hafen die größte Siloanlage in Europa. In dieser Kaffeelagerei nehmen Siloarbeiter Kaffeesäcke auf. Geschäftsführer Heinz Papenhagen verrät uns zunächst ein eindrückliches Zahlenspiel: »Wir gehen davon aus, dass für jede einzelne Kaffeetasse zirka zehn Gramm Röstkaffee benötigt werden. Rechnen wir jetzt die Leistung eines Mannes beim Umschlag der Kaffeesäcke, dann kommen wir auf 37,5 Tonnen Rohkaffee pro Stunde. Das entspricht 33,37 Tonnen Röstkaffee, und das wiederum in Tassen gerechnet bedeutet 3.337.000 Tassen pro Stunde.«

In der Wirkungsgesellschaft ist das Zahlenspiel mehr als ein simples Zahlenspiel. Es ist ein Wirkungsbeispiel erster Klasse: Stunde für Stunde schlägt der Arbeiter im Silo 33,37 Tonnen Röstkaffee um. Stunde für Stunde bewirkt er damit ein Wirkwunder: 3.337.000 Tassen trinken Menschen als Wirkung seiner Stundenarbeit. 3.337.000-mal stärken, erfrischen, erlaben sich Menschen am köstlichen Kaffee des Schichtarbeiters. **Der Siloarbeiter macht sich jede Arbeitsstunde zum Wirkungsmillionär!** Misst der Mann seine Arbeit an diesen Wirkungszusammenhängen, empfindet er den Kaffeeumschlag nicht mehr als x-beliebige Tätigkeit, sondern als einzigartige Bereicherung, nicht nur materiell, auch immateriell.

Neuerdings sieht denn der Siloarbeiter seine Aufgabe völlig anders. Nicht er selbst, nicht seine Tat, sondern die Wirkung steht im Mittelpunkt. Er begreift den Kaffeeumschlag nicht länger als Alltagstrott oder Plackerei, sondern als Mittel zum Wirkzweck, als wohligen Beitrag für eine neue Wirkungsgesellschaft. Er misst die Wirkungen seiner Arbeit. Und erkennt und erfreut sich zugleich, welchen Wirkwert er damit erzeugt. Als Wirkmensch pflegt er Zahlenspiele als Wirkungsbeispiele:

Minuten-wirk-wert	Stunden-wirk-wert	Tages-wirk-wert	Wochen-wirk-wert	Jahres-wirk-wert

Der Minutenwirkwert

In einer Minute schlägt der Siloarbeiter Kaffee für 55'616 Tassen um: Kaffee genug, **um allen Zuschauerinnen und Zuschauern in der ausverkauften Arena des Hamburger SV eine Tasse Kaffee anzubieten**. Die AOL-Arena hat 55.000 Sitzplätze. Sie haben schon richtig verstanden. Wir sprechen von einem Minutenwirkwert eines einzigen Angestellten im Hamburger Hafen. Phantastisch!

Minuten-wirk-wert	Stunden-wirk-wert	Tages-wirk-wert	Wochen-wirk-wert	Jahres-wirk-wert

Der Stundenwirkwert

Pro Stunde schlägt der Siloarbeiter 33,37 Tonnen Röstkaffee für 3.337.000 Tassen um. Will heißen: Zwei Stunden reichen dem Wirkarbeiter, um der gesamten Schweiz eine Tasse Kaffee zu servieren. Denn in nur zwei Arbeitsstunden verarbeitet der Siloarbeiter Kaffee für 6.674.000 Tassen. Etwa so viele Einwohnerinnen und Einwohner zählt die Schweiz. Damit versorgt er in nur zwei Stunden die gesamte Bevölkerung der Schweiz mit einer Tasse Kaffee.

Offenkundig mundet die Wirkung, die der Siloarbeiter im Hamburger Hafen nach nur zwei Arbeitsstunden erzeugt: Er überzieht die Schweiz mit Kaffeeduft. Sein Kaffee weckt Morgenmuffel. Sein Kaffee stärkt in Arbeitspausen. Sein Kaffee regt Gespräche an. Sein Kaffee erleichtert nach einem feinen Essen die Verdauung. Sein Kaffee bahnt Freundschaften an. Sein Kaffee beschleunigt Vertragsabschlüsse. Sein Kaffee wärmt frierende Menschen auf. Kurzum: **Ein einzelner Siloarbeiter im Hamburger Hafen arbeitet zwei Stunden, und schon weckt, stärkt, ermuntert, verwöhnt er die Schweiz mit je einer Kaffeetasse.**

Das ist seine einzigartige Wirkung. Die Wirkung des Schichtarbeiters erweist sich als Rückgrat für eine funktionierende Schweiz. Dem Siloarbeiter im Hamburger Hafen sei Dank.

Und das Schönste kommt noch: Kaffeetrinker sind nicht einfach Kaffeetrinker. Kaffeetrinker sind, wechselseitig gesehen, ebenfalls Wirkmenschen. Wer Kaffee trinkt, sichert Arbeitsstellen im Kaffeehandel, macht den Siloarbeiter wirkungsfroh, trägt zur Stärkung des Hamburger Hafens und der Wirtschaftsnation Deutschland bei.

Minuten-wirk-wert	Stunden-wirk-wert	Tages-wirk-wert	Wochen-wirk-wert	Jahres-wirk-wert

Der Tageswirkwert

Der Siloarbeiter schafft es in einer Tagesschicht zu acht Arbeitsstunden zum 26millionenfachen Wirkungsmillionär! Ganz genau 26.696.000 Tassen pro Tag beträgt sein Tageswirkwert. Deutschland sucht den Superstar …

Hallo: Deutschland hat den Superstar im Hamburger Hafen gefunden!

In nur drei Arbeitstagen schlägt der Arbeiter insgesamt Kaffee für 80,08 Millionen Tassen um, so viel, wie ganz Deutschland brauchen würde, wenn nahezu alle Einwohnerinnen und Einwohner eine Tasse Kaffee trinken wollten. Ende 2003 lebten 82,20 Millionen Personen in Deutschland.

In drei Tagen allen Deutschen einen Kaffeegenuss ermöglicht.

Sensationell!

Weiters können wir – die Zahlen werden allmählich schwindelerregend wirkmächtig – zum Beispiel auch Wochen- oder Jahreswirkwerte messen und rechnen:

Der Wochenwirkwert

Der Wochenwirkwert des Hafenarbeiters liegt bei 186.872.000 Tassen – Frankreich, Italien und Großbritannien zusammen zählen rund 180 Millionen Einwohner. Ein Hamburger Siloarbeiter dient in nur einer Woche allen Franzosen, Italienern und Briten mit einer Tasse Kaffee.

Minuten-wirk-wert	Stunden-wirk-wert	Tages-wirk-wert	Wochen-wirk-wert	Jahres-wirk-wert

Der Jahreswirkwert

Und schließlich zum Jahreswirkwert. Unser Superstar setzt jährlich Kaffee für 8.969.856.000 Tassen um. Im Jahr 1999 hat die Weltbevölkerung die Sechs-Milliarden-Marke überschritten. Damit braucht der Wirkmensch im Hamburger Kaffeesilo weniger als ein Jahr, um für jeden Menschen dieser Erde einen Kaffee zu erwirken. Sein Beitrag an die Wirkungsgesellschaft ist sozusagen global.

Die Schweiz in zwei Stunden, Deutschland in drei Tagen, die Welt in weniger als einem Jahr mit einer Tasse Kaffee zu verwöhnen – enorm, die Wirkung, die ein einzelner Hafenarbeiter zu erzeugen vermag.

So wie der Siloarbeiter ein Superstar ist, so finden sich Wirkungsbeispiele bei jedem Wirkmenschen, so rechnen sich Zahlenspiele bei alltäglichen Verrichtungen eines jeden Menschen. Insofern ist jeder Wirkmensch ein Supermann oder eine Superfrau. Auch Sie! Spielen Sie etwas mit Zahlen. Brechen Sie diese auf Stunden, Minuten und Sekunden runter. Rechnen Sie diese auf Monate oder Jahre hoch. Und Sie entdecken in Ihrem Lebensalltag Ihre ganz persönlichen, einzigartigen Wirkwerte für die Wirkungsgesellschaft im 21. Jahrhundert.

Wahlweise Theorie oder Praxis

Revolutionäre Weggabelung

Liebe Leserin,
lieber Leser,

wie in der Einleitung vorbesprochen und versprochen, bietet das Buch des Lebens verschiedene Zugänge, Vorgänge, Durchgänge, Aufgänge, Abgänge, Ausgänge.

In Ihrer Lektüre stehen Sie jetzt gleichermaßen an einer revolutionären Weggabelung:

1. Wünschen Sie jetzt das theoretische Fundament zur Revolution, den geistigen Unterbau, das intellektuelle Futter, dann lesen Sie auf der nächsten Seite weiter.

2. Sind Sie fasziniert von Menschen wie dem Schichtarbeiter vom Hamburger Hafen und möchten Sie weitere echte Wirkmenschen, authentische Wirklinge, ja weitere praktische und praktizierende Wirkungsrevolutionäre kennen und schätzen lernen, dann lesen Sie auf Seite 89 weiter.

Beides, Theorie und Praxis, sind bedeutsam für die erste wirksame Revolution im 21. Jahrhundert.

Aufruf 1:	Aufruf 2:	Aufruf 3:

Wortmenschen zu Wirkmenschen

Der Manager spricht, redet, schreibt. Die Politikerin spricht, redet, schreibt. Der Verkäufer spricht, redet, schreibt. Die Hausfrau spricht, redet, schreibt. Sie versenden 100 Mails und führen 60 Telefonate am Tag. Aufgefordert und unaufgefordert. Unablässig bewegen sich flinke Zungen und geifrige Lippen. Unablässig werden alle von allen angewählt. Sie senden und empfangen rund um die Uhr. Ein Programm fehlt: »Wie soll ich wissen, was ich denke, bevor ich gehört habe, was ich sage?«

Das alles zählt nicht. Was zählt, ist einzig die Wirkung, die mit diesen Worten erzielt wird.

Tatmenschen zu Wirkmenschen

Tatmenschen (Machmenschen) machen, machen, machen. Und tun und tun und tun. Sie rasen von Sitzung zu Sitzung, einem gehetzten Eber oder einer gesengten Sau gleich. Der Terminkalender ist zugepflastert, nicht selten überbucht. Sie schuften unablässig und leisten Überstunden. Sie stellen ihre Aktionitis nicht einmal für zwei Minuten auf Pause. Zeit haben sie nie – außer für Arbeit. Paradoxerweise sind sie zeitsüchtig, insofern sie alle darauf aus sind, »Zeit zu gewinnen« – nur welche Zeit wird »gewonnen«? Jene natürlich, die sich in noch besessenere Mehrtätigkeit umsetzen lässt. Und sie sind zwanghaft darauf aus, »Zeit ausfüllen« zu müssen, als wäre Zeit ein Fass ohne Boden. Wer zu vieles tut und auf zu vielen Hochzeiten tanzt, der ist des Hasen Tod: Herzinfarkt, Kündigung, Unbill. Stets krempeln Machmenschen die Ärmel hoch. Ja, sie reißen sich den Arsch auf. Und das weit über die Pensionierung hinaus.

Das alles zählt nicht. Was zählt, ist einzig die Wirkung, die mit diesen Taten erzeugt wird.

Aufruf 1:	Aufruf 2:	Aufruf 3:

Machtmenschen zu Wirkmenschen

Die mächtigen Männer und Frauen an der Spitze eines Landes oder eines Unternehmens sind Machtmenschen. Sie üben Macht aus. Sie erlassen Gesetze. Sie ordnen an. Sie geben Ziele vor. Sie erlassen Befehle. Verantwortungsvoll oder verantwortungslos.

Das alles zählt nicht. Was zählt, ist einzig die Wirkung, die mit Macht erzeugt wird.

Und Hand aufs Herz: Machtmenschen sind wir alle – im Großen wie im Kleinen. Denn etwas steht immer auch in Ihrer Macht, in Ihrer Vollmacht – und sei es noch so gering nach Maßgabe unserer Kräfte. Auch da gilt: Nur die Wirkung zählt.

Wir wissen (fast) nichts über Wirkungen

Wirkungswissen wirkt – und wie!

Wir sehen an Menschen heran, selten in Menschen hinein und, so behaupte ich, (fast) nie deren Wirkungen. So verkennen wir Menschen ständig.

Der Sinn steht uns nach dem Vordergründigen: Wir hören die Worte der Menschen und Unternehmen. **Der Sinn** steht uns auch nach dem Offensichtlichen: Wir sehen die Taten der Menschen und Unternehmen. Punkt. Schluss.

Wirkungen dieser Worte und Taten bleiben uns weitgehend verborgen. Das nenne ich den menschlichen Kurzschluss: Unsere Beobachtungen, Beschreibungen und Beurteilungen anderer Menschen und Unternehmen greifen entschieden zu kurz. Gleiches trifft gar auf uns selbst zu: Wir beobachten, beschreiben und beurteilen uns meist aufgrund unserer eigenen Worte und Taten – die Wirkungsspur nehmen wir kaum auf. Was uns allenthalben fehlt, ist Wirkungswissen. Wissen, welche Wirkungen Menschen mit ihren Worten und Taten erzeugen.

Wenn wir uns auch in einer Wissensgesellschaft wähnen, sie hat ihre Versprechen bislang nicht eingelöst. Im Grunde wissen wir einzig, dass wir über Wirkungen und Wirkungen von Wirkungen nichts wissen, noch nichts wissen.

Zwischen Verwunderung und Verachtung

Die Haltung der Menschen zu Mitmenschen ist wie das recht eigentümliche Verhältnis vieler Europäer zu Amerika – ein widersprüchliches Bild, zwischen Bewunderung und Verachtung schwankend. Warum? Beide kennen wir meist nur oberflächlich dem Namen oder der Tat nach, nicht differenziert der Wirkung nach.

Fixstern Amerika	Fixstern Mitmensch
Der Fixstern *Amerika* ist ein ferner Fluchtpunkt unserer Aufmerksamkeit. Was er darstellt, ist ein Geheimnis. Unsere Aufmerksamkeit wird nicht durch einen bestimmten Inhalt gefesselt. Wir starren vielmehr auf unsere eigenen Träume, denn das Big-Mac-Amerika ist eine Projektionsfläche für das, was wir in unserer Kultur als Manko empfinden.	Der Fixstern *Mitmensch* ist ein ferner Fluchtpunkt unserer Aufmerksamkeit. Was er darstellt, ist ein Geheimnis. Unsere Aufmerksamkeit wird nicht durch einen bestimmten Inhalt gefesselt. Wir starren vielmehr auf unsere eigenen Träume, denn das fremde Wesen des Gegenübers ist eine Projektionsfläche für das, was wir in unserer Psyche als Manko empfinden.

Fixstern Amerika	Fixstern Mitmensch
Je leerer der Mythos *Amerika,* desto mehr Träume und Sehnsüchte der Welt finden darin Raum. Die Faszination der amerikanischen Landschaften besteht in ihrer Leere und Endlosigkeit. Auch die amerikanischen Großstädte beziehen ihren Reiz aus einer Leere – einem Mangel an Geschichte. Mit diesen unbesetzten Phantasmen lockt Amerika ins Offene. Es ist ein »anderer« imaginärer Raum, der keine Bodenhaftung kennt und den man leicht mit Zukunft verwechseln kann.	Je leerer der Mythos *Mitmensch,* desto mehr Träume und Sehnsüchte der Welt finden darin Raum. Der wiegende Schritt des Cowboys oder die jugendhafte Can-do-Zuversicht des erfolgsverwöhnten Managers – sie sind ebenso Leerformeln wie die Sexualität der glatten Hollywoodkörper. Mit diesen unbesetzten Phantasmen locken Mitmenschen ins Offene. Es ist ein »anderer« imaginärer Raum, der keine Bodenhaftung kennt und den man leicht mit Zukunft verwechseln kann.
Fazit: Sie können über die *USA* sagen und schreiben, was Sie wollen; es stimmt immer auch das Gegenteil.	Fazit: Sie können über *Mitmenschen* sagen und schreiben, was Sie wollen; es stimmt immer auch das Gegenteil.

Wirkmenschen durchbrechen diese unsägliche Oberflächlichkeit: Sie gehen näher ran. Sie lernen Menschen und Unternehmen in Gestalt und Gehalt kennen. Wirkmenschen messen Mitmenschen nicht nur an Worten oder Taten oder ihrer Macht.

Wirklinge erkennen und erhellen Wirkungen der Mitmenschen auf sich und andere. Sie legen sich Wirkungswissen zu. Damit gewinnt die Beziehung zwischen Menschen an Festigkeit, an Verlässlichkeit, an Gültigkeit – damit nicht immer auch noch das Gegenteil stimmt.

Machen wir die Probe aufs Exempel: Das Böse in Person in vielen Schulerinnerungen ist und bleibt der Wort-, Tat- und Machtmensch Hausmeister.

Wirkmenschen stellen nicht nur auf Taten und Worte und Macht ab, sondern auf Wirkung. Mit diesem Wissen, so will mir scheinen, habe der Hausmeister weit Besseres verdient. Aus dem scheinbar Bösen wird ein achtbarer Wirkmensch.

Ganz bewusst beginne ich mit einfachen Leuten in alltäglichen Berufen. Gleiches gilt später für Noble und Eitle und, Sie werden sehen, gar für Politikerinnen und Politiker, vorausgesetzt, Sie legen sich Wirkungswissen zu.

Hausmeister – Hass in Person?

Lichtträger im Blaumann

In vielen Amtsgebäuden, Schulhäusern und Sportanlagen betreibt eine ungeliebte Spezies ihr dreckiges Geschäft. Meistens mürrisch und wenig gepflegt, stets auf der Suche nach Leuten, denen man den Spaß verderben kann, dafür nie da, wenn man ihn mal wirklich braucht: Nein, der Hausmeister hat keine große Fangemeinde.

Hausmeister ist nie Berufswunsch bei Umfragen unter jungen Menschen. Und auch wenn unterdessen schönfärberische Berufsbezeichnungen wie »Facility-Manager« zur Verfügung stehen, so bleibt es doch dabei: Hausmeister sind oft Leute, die in einem anderen Beruf an Grenzen gestoßen sind und jetzt halt Häuser sauber halten.

Diese Mischung zwischen »niederer« Arbeit und einer gewissen Unfreiwilligkeit führt nicht nur zu mangelndem Selbstrespekt bei vielen Hausmeistern, sondern auch zu überheblicher Verachtung durch die »Kundschaft«, seien es Schüler, Studenten oder andere Gäste. Wenn der grimme Hausmeister diese ungünstige wechselseitige Wahrnehmung auch noch durch

Sheriffallüren zu kompensieren versucht, kann sich die wechselseitige Skepsis zu offener Ablehnung steigern: Der Abwart (wie er in der Schweiz heißt) bunkert sich ein, und die Hausbenutzer provozieren ihn, wo sie können.

Für Tat- und Wortmenschen gibt es aus diesem Teufelskreis wenig Auswege. Für den Wirkmenschen schon: Denn Wirkungswissen beginnt mit Vorstellung. Haben Sie sich Ihren bärbeißigen Hausmeister schon einmal als Lichtwesen vorgestellt?

- Der Hausmeister dreht kaputte Glühbirnen aus der Fassung, dreht neue hinein, und das Schulzimmer ist wieder erfüllt von wohligem Licht.
- Der Hausmeister ersetzt durchgebrannte Sicherungen und durchflutet damit die Hallen und Gänge mit Sicherheit vermittelnder Helligkeit.
- Der Hausmeister hält die Scheinwerfer betriebsbereit, die die Erfolge der Athleten auf dem Sportplatz in gleißendstem Licht erstrahlen lassen.

Er ist ein Wirkling. Wirkmenschen anerkennen ihn und begegnen ihm auch so. Vielleicht schaut einer, dem man als Lichtwesen begegnet, auch nicht mehr so grimmig drein und kann auch mal fünf gerade sein lassen …

Neid in Person

Lifting – Spleen der Reichen?

Wer sich einer Schönheitsoperation unterzieht, muss auf den Spott nicht warten. Tat- und Wortmenschen brandmarken Lifting als Spleen der Reichen und Eitlen. Nicht so Wirkmenschen mit Wirkungswissen.

Sparen Sie bereits für Ihre Schönheitsoperation? Falls ja, müssten Sie vermutlich gewärtigen, dass die einen oder anderen mehr oder weniger netten Bekannten oder Verwandten Sie – öffentlich – des Spleens und – hinter vorgehaltener Hand – als Spinner oder Spinnerin bezeichnen. Die Beleidigung ist grundverkehrt. Wirkmenschen wie Barbara Miller spüren die erfolgreichen Wirkungen eines Body-Redesigns auf. Und so wenden Sie mit Barbara das Blatt …

Barbara Miller aus Cleveland investiert 125.000 Euro in Poimplantat, Nasen-OP, Kinnimplantat, Gesichtslifting, aufgespritzte Lippen, Fettabsaugen, geformte Augenbrauen, Brustimplantate, Wangenstraffung. Nicht wenig, gewiss, zumal der Preis zum Aus-der-Haut-Fahren ist. Weglassen wollte und konnte die Frau keine der Operationen. Mit gutem Grund: Jetzt und erst jetzt fühlt sich die Frau in ihrer Haut so richtig wohl. Kunden loben ihre Figur und ihre Ausstrahlung. Die Singledame hat nach der Operation einen Partner gefunden – fürs Leben, wie sie sagt. Bereits hat sie drei Freundinnen, darunter eine Cousine, überzeugt, diesen entscheidenen Schritt ebenfalls zu wagen; die Ärzte samt Assistenz (im konkreten Fall der Visagist Steve Erhardt, L. A.), die Produzenten der Medikamente und Operationsinstrumente werden es ihr danken. Einmal mehr gilt: Nicht die Tat, sondern das, was die Tat bewirkt, zählt.
Oder andersrum: 125.000 Euro ist viel Geld. Jedoch wenig, wenn die Wirkung stimmt.

Und schon schafft Wirkungswissen Lebensfreude – für Barbara und sich selbst. Denn Wirkmenschen erhellen die erfolgreichen Wirkungen des Body-Redesigns auf Barbaras Wirkleben, allein deshalb sehen sie keinen Grund, sich über Body-Redesign zu ärgern oder gar Barbara eines Spleens zu bezichtigen. Wirkmenschen mit Wirkungswissen leben neidlos angenehmer.

Herzschlag für Herzschlag

Wirkungsallianz

Wie Wirkungswissen einen ungeahnten Mehrwert an Lebensfreude bereitet, zeigt das kleine Beispiel der großen Allianz-Gruppe. Das Prämienvolumen der Allianz weltweit beträgt 75 Milliarden Euro. Diese Zahl muss man sich vorstellen: 75.000 x 1 Million Euro. Durch und durch menschlich ist das Herz des Vorsitzenden des Vorstands der Allianz, Dr. Henning Schulte-Noelle: Seines schlägt wie meines und deines alle 0,8 Sekunden, rund 100.000-mal am Tag. Der kühle Rechner Schulte-Noelle lehnt sich in seinen Sessel zurück und legt die warme Hand auf seine Brust. Er hört jeden Herzschlag. Er schließt die Augen. Und sieht die lebenswerte Wirkung vor sich: »Das Allianz-Prämienvolumen von 75 Milliarden Euro geteilt durch 100.000 Herzschläge pro Tag. Das gibt pro Herzschlag 750.000 Euro.

Mit jedem Herzschlag des Vorstandsvorsitzenden bewirkt Allianz eine neu erstellte Villa im Wert von 750.000 Euro.

Jeder Herzschlag ist ein Wirkschlag. Gewaltig, was sich damit bewirken lässt ...« Der Vorstandsvorsitzende schmunzelt leise. Sein Herz schlägt und schlägt und schlägt. Allmählich gleitet seine Hand von der Brust.

Schulte-Noelle fühlt sich frisch für frische Wirkungen. Schon bricht er auf. Im Treppenhaus trifft er einen Mitarbeiter: »Wie geht's, wie steht's?« – »Boss, ich habe im Buch der Wirkungsgesellschaft gelesen. Und ich wirke voll: Wir sind 180.000 Mitarbeiter. Das Prämienvolumen beträgt 75 Milliarden Euro. Jeder Allianz-Angestellte bewirkt 416.000 Euro pro Jahr. Mein Herz schlägt, wie Ihres, 100.000-mal am Tag. Pro Herzschlag bewirke ich 416 Euro für die Allianz. Ich fühle mich frisch für frische Wirkungen. Tag für Tag.« Der Mitarbeiter öffnet Schulte-Noelle stolz und wirkungserfüllt die Tür zum Vorstandszimmer. Der Spitzenmanager setzt an zum nächsten Wirkungswirken. Bevor der Mitarbeiter die Tür schließt, flüstert ihm der Vorstandsvorsitzende zu: »Vorne ist da, wo wir für uns und andere achtbar wirken. Und zwar wirklich beobachtbar, sichtbar, messbar, nachprüfbar.«

Politiker in der Wirkungsgesellschaft

In der Politik herrscht Wirkungsfreude

Am Stammtisch menetekelt manch einer über die herrschende Politik im eigenen Lande: die in Berlin. Die in Wien. Und auch die in Bern. Die palavern nur. Die tun nichts. Und die bewirken schon gar nichts. Dass dem nicht so ist, beweist die politische Enthüllung verborgener Wirkungen.

> Gehen wir einmal davon aus, dass Politiker auch nur Menschen sind, dann stimmt im Grunde diese eine Annahme: Allzu oft stellen Politiker ihre Gesichter ins Schaufenster statt ihre Wirkungen, und allzu oft, logo, logo, sehen wir deren Gesichter statt deren Wirkungen ausgestellt. Das ist grundfalsch. Denn in einer künftigen Wirkungsgesellschaft wählen Wähler Wirkungen. Beispiele gefällig?

Wenn der Stadtrat den Bau eines Straßentunnels zwischen Zentrum und Agglomeration beschließt, bewirkt er kürzere Reisezeiten für Pendler; daraus resultiert mehr Freizeit für Familienväter und allein erziehende Mütter, daraus zufriedenere Kinder, daraus weniger Konzentrationsstörungen bei den Schülern, daraus weniger Stress für die Lehrer, daraus weniger Kündigungen beim qualifizierten Lehrpersonal, daraus effizienterer Unterricht und dadurch ein höheres Ausbildungsniveau. Pisa grüßt Deutschland und den Rest der Welt.

Wenn der Bauvorstand einen neuen Gehsteig bewilligt, dann siedeln sich in dieser Straße mehr Familien mit Kindern an, werden dadurch im Quartier mehr Schulhäuser gebaut, wird die örtliche Papeterie deshalb eine Filiale eröffnen können, werden dadurch neue Arbeitsplätze geschaffen, entsteht so neues Steuersubstrat; womit weitere Sanierungen im bisher unwirtlichen Quartier finanziert werden können.

Wenn die Gesundheitsdirektorin ein halbes Dutzend unrentabler Regionalspitäler schließt, führt das zu mehr Mitteln für die weiterhin betriebenen Kliniken, einer Konzentration und Spezialisierung auf hohem Niveau, dadurch zu einer besseren Gesundheitsversorgung der Region, generell tieferen Kosten, tieferen Krankenkassenprämien und allgemein einer höheren Zufriedenheit der Bevölkerung.

Wenn der Justizminister der Polizei mehr Mittel zur Verfügung stellt, senkt er die Gefährdung der Rechtssicherheit durch »Nebeneinkünfte«, sorgt für mehr Gelassenheit im Dienst, fördert die Präzision, die

Anwendung neuester wissenschaftlicher Erkenntnisse, steigert die Gefahr für Rechtsbrecher, erwischt zu werden, senkt dadurch die allgemeine Kriminalität, erhöht damit die Lebensqualität, zieht damit gute Steuerzahler an und hält so das Finanzbudget mit im Gleichgewicht.

Wenn sich in den Wandelhallen und Lobbys der Parlamente die Volksvertreter mit ihresgleichen und Interessenpromotoren treffen, wird schnell »Filz!« gerufen. Das Vernetzen von Meinungen, Vorstellungen, Anliegen und Ideen wirkt jedoch ausgleichend und dämpfend auf extreme Positionen. Das Machbare und Akzeptable gewinnt an Kontur, bekannte Gesichter sorgen für Vertrauen und offenen Ideenaustausch. Filz wirkt durchaus demokratisch.

Wenn das Parlament Stunden um Stunden sich um vermeintlich unwichtige Dinge streitet, so wirkt es wie ein Filter, der Extrempositionen neutralisiert und so dafür sorgt, dass keine einseitigen Entscheide gefällt werden, die zur Entfremdung ganzer Bevölkerungsgruppen von der Demokratie und damit zur Anfälligkeit für die Parolen politischer Rattenfänger führen. Die Behandlung des unwichtigsten Geschäfts im Rat ist somit ein Bollwerk gegen die Adolfs und Jossips und Saddams dieser Welt.

Der Finanzminister hat den zugleich umstrittensten und langweiligsten Job in der Regierung. Letztlich ist er doch ein Wirkmensch erster Güte. Ihm obliegt es wie keinem anderen, die Balance zwischen allen Ansprüchen, gesetzlichen Vorgaben und politischer Klugheit zu finden und zu wahren. Wie viel Geld ist nötig, dass der Staat seine Aufgaben erfüllen kann? Wie wenig, dass er der Wirtschaft nicht den Atem raubt?

Wenn der Gemeinderat die Erstellung eines Amphibientunnels unter der Hauptstraße beschließt, so erleichtert er nicht nur den Fröschen den Zugang zum Dorfteich, sondern schafft Erholungsräume für jung und alt, für Regeneration und Rekreation, für Spass und Spiel.

Wenn derselbe Gemeinderat die Steuern nachhaltig senkt, so freut das nicht nur die Wohlhabenden im Ort, sondern setzt die ausgabefreudigen und undisziplinierten Verwaltungen der weiteren Umgebung gehörig unter Druck, sich gegenüber wieder einmal Rechenschaft darüber abzulegen, dass die Steuerzahler nicht für den Staat, sondern der Staat für die Steuerzahler da zu sein hat.

Wenn der Außenminister von Fachbesprechung zu Arbeitstreffen, von Staatsbesuch zu Gipfelkonferenz eilt und fliegt, so sind es selten die unmittelbaren Resultate aus den Verhandlungen, die zählen. Mit jeder Reise webt er aber weiter an einem immer dichter werdenden Beziehungsnetz von persönlichen Kontakten. Mit wem stimmt die Chemie? Wer spielt mit gezinkten Karten? Wer ist ein verlässlicher Partner? Nur im persönlichen Kontakt entstehen diese direkten Drähte, die erst wirksam werden, wenn es wirklich zählt.

Wenn der Verkehrsminister ein neues Fingerdock am Hauptflughafen eröffnet, bedeutet das nicht nur mehr Fluglärm für die Anwohner, sondern bewirkt Tausende von zusätzlichen Konferenzen, Familienferien, Städtereisen, Firmenpräsentationen, Geschäftsabschlüssen, Gruppenreisen, Museumsbesuchen, Jubiläumsbanketten, Kongressteilnehmern, Druckaufträgen, Plakatkampagnen, Schmuckverkäufen, Produktinnovationen und Messebesuchen.

Wenn der Stadtrat die neue Zonenordnung beschließt, ärgert er damit nicht nur verschiedene Spekulanten, sondern sorgt auch dafür, dass die Besiedlung nicht einfach über die Landschaft wuchert, sondern ein sinnvolles Gleichgewicht zwischen Industrie, Gewerbe, Landwirtschaft, Wohn- und Erholungsraum erhalten bleibt.

Wenn der Volkswirtschaftsvorsteher längere Ladenöffnungszeiten bewilligt, so erleichtert er vielen berufstätigen Singles und Alleinerziehenden die Tagesplanung und schafft zusätzliche Teilzeitjobs.

Autoritäten und
Ideologien danken ab

Jeder nach seinen Wirkungen

Autoritäten danken ab

Pfarrer, Lehrer, Bürgermeister und Arzt

Gestern gründete der Respekt der Menschen auf Distanz. Morgen auf Wirkung. Respektiert ist, wer Wertvolles für sich und die Gemeinschaft bewirkt.

Gestern zählte Würde

Mädels und Jungs unter den Leserinnen und Lesern, erkundigt euch ruhig mal bei Euren Groß- und Urgroßeltern: Vorgestern und gestern lief landauf, landab nichts ohne Einverständnis der hohen Herren im weißen Kragen. Diese behandelten – instrumentalisierten – die Leute als Werkzeuge in eigener Sache. Heute sind Pfarrer, Lehrer, Bürgermeister und Arzt als lebende Moralapostel in die Bedeutungslosigkeit abgesunken. Deren Glaubens- und Vertrauenswürdigkeit ist angekratzt. Denn längst hat sich herumgesprochen, dass sie mit Wasser und überdies nicht selten mit Vorliebe eigene Süppchen koch(t)en.

Im Zuge der Individualisierung – und gehen wir vom Menschen aus, wie er heute ist – fällt die Definitionsleistung von Wirklichkeit auf den Einzelnen zurück. Das schafft viele mentale Probleme, weil Orientierung zu einer Daueraufgabe geworden ist. Wie finden sich Menschen auf der Großbaustelle »Leben« zurecht? Wer kommt als verlässlicher Kompass dann infrage?

Sie.

Morgen zählt Wirkung – Ihre persönliche Wirkung

Heute für morgen legen die Menschen einen neuen Maßstab an. Wirkmenschen sehen genau hin: Was zählt, ist Wirkung, die Pfarrer, Lehrer, Bürgermeister und Arzt erzeugen – allein oder mit anderen. **Zu Ehren und Ansehen kommt nicht, wer Rang und Namen, wer Stand und Herkunft, wer Erbe und Titel sein Eigen nennt, sondern Wertvolles für sich und die Gemeinschaft bewirkt.** Als Kompass dienen aufgespürte, freigelegte, messbare, sichtbare, achtbare Wirkungen. Zur Verdeutlichung der Pfarrer:

In der Wirkungsgesellschaft interessiert nicht nur, ob der Pfarrer fünf, zehn oder 20 Minuten predigt, es interessiert auch nicht, ob er an einem Sonntag eine, zwei oder gar vier Predigten hält. Entscheidend ist das, worüber wir bislang so wenig wissen: Was löst der Pfarrer mit seiner Predigt konkret aus? Nur ein Beispiel: Die eine Kirchgängerin fasst Mut zur Geschäftsgründung, die Geschäftsgründung löst Investitionsvolumen aus, schafft Arbeitsplätze … Nur der Mut – immerhin neben Weisheit, Gerechtigkeit und Besonnenheit eine Kardinaltugend – verhilft der Erkenntnis des Guten zur praktischen Wirksamkeit. Der Wert des Pfarrers misst sich am Wirkwert für die Wirkungsgesellschaft, nicht an salbungsvollen Worten.

Ideologien verblassen

Jeder nach seinen Wirkungen

Auf die drängenden Fragen der Menschen geben Ideologien und Weltanschauungen keine Antwort (mehr).

Der Liberalismus sagt:

»Jeder nach seinen Leistungen.«

Und schon beginnt der Wettbewerb um Geld und Zeit. Das Geld- und Zeitsoldatentum steht stramm. Wie Hamster in Hamsterrollen rennen die Leistungstiere. Sie leben schneller und schneller und sterben reicher und reicher. Und: War's das? Nein.

Der Sozialismus sagt:

»Jeder nach seinen Bedürfnissen.«

Und schon beginnt der Verteilkampf nach einer wie auch immer gearteten Gerechtigkeit. Wie Hyänen stürzen sich Dauerunbefriedigte auf jegliches Hab und Gut – ist ein Bedürfnis gestillt, schreit bereits ein Neues nach Befriedigung. Und: War's das? Nein.

Der Rechtsstaat sagt:

»Jeder nach seinen gesetzlichen Rechten.«

Und schon legen alle die Gesetze nach eigenem Gusto aus. Doch nicht nur das: Alle pochen auf eigene Rechte. Und sollte ein Lästermaul einmal Pflichten erwähnen, wird er unverhohlen niedergebrüllt: Pflichten sind gefälligst etwas für andere. Und: War's das? Nein.

Wirkmenschen messen sich und andere nicht an der Schnelligkeit im Zuwachs des Kontostands, nicht an erfolgreichen Verteilkämpfen und auch nicht an Rechtsmitteln. Sondern an erbrachten Wirkungen für sich und andere.
Damit ist unser Ansatz ein anderer, ist Wirkungskultur, ist Wirkung stiften, ist Wirkung erhellen, ist wirksam leben. **In der Wirkungsgesellschaft rufen sich alle zu, und alle stehen dazu:**

»Jeder nach seinen Wirkungen.«

Das ist ein liberaler Satz, ein sozialistischer Satz, ein politischer Satz, ein innovativer Satz. Ein beliebiger Satz ist es nicht. Vielmehr ein grundlegender Satz für Menschen, die verstanden haben, dass ohne Wirkhaftigkeit die Gesellschaft vergiftet, ebenso der einzelne Mensch.

Nicht der Mensch,
sondern ...

Wirkungen stehen im Mittelpunkt

Der Mensch im Mittelpunkt?

Im Paradies vielleicht

Etwa 26.000 Lichtjahre von der Erde entfernt liegt das Zentrum der Milchstraße. Dort sind etwa drei Millionen (!) Sonnenmassen konzentriert. Unsere Sonne benötigt 230 Millionen Jahre, um das Zentrum der Milchstraße zu umrunden. Ungeachtet dieser astronomischen Größenordnungen betrachten viele Menschen sich selbst als den Nabel der Welt. Nicht gerade bescheiden. Denn durch die wissenschaftliche Forschung hat das Weltbild, wonach der Mensch im Mittelpunkt steht, schon einige große Kränkungen erfahren müssen:

Kopernikus verbannte die Erde aus dem Mittelpunkt des Weltalls.

Darwin verwies den Menschen auf seine äffische Herkunft.

Freud machte seinen Zeitgenossen klar, dass das Unbewusste Herr im eigenen Haus sei.

Seit Kopernikus, Darwin und Freud ist für den Menschen jegliche Nabelschau zwecklos. Deshalb ringen wir hienieden auf Erden täglich um so etwas wie Menschlichkeit – Gesundheit, Wohlbefinden, Liebe, Freiheit, Frieden, Wohlstand.

> Im Mittelpunkt steht, so vermute ich, nicht der Mensch. Genau da setzt die erste große Revolution im 21. Jahrhundert ein: Wirkmenschen stellen nicht sich in den Mittelpunkt, sondern die Wirkungen, die sie alleine oder gemeinsam mit anderen Wirkmenschen für sich und andere erzeugen.

Kleiner Wurm oder großes Tier?

Als Mensch wichtig oder nichtig?

Die Entschlüsselung der menschlichen Bausteine (»Sequenzierung der Genome«) macht deutlich, dass der Mensch nur etwa doppelt so viele Gene wie der mikroskopisch kleine Fadenwurm Caenorhabditis elegans oder die Taufliege Drosophila melanogaster besitzt. **Wird allein die Zahl der Gene betrachtet, dann scheint der Unterschied zwischen Wurm und Mensch recht klein zu sein.** Offensichtlich gilt diese Erkenntnis für alle Menschen, ganz gleich, ob sie sich selbst als großes Tier oder als kleine Nummer einschätzen.

Was Menschen groß oder klein macht, sind nicht Unterschiede bei den Genen. Es sind die Wirkungen, die sie erzeugen oder unterlassen. Was Sie persönlich bewirken, kann Ihnen niemand mehr nehmen.

Im Jahrhundert der Wirkung

Ich wirke, also bin ich

Jedes Zeitalter steht für ein bestimmtes Menschenbild und Weltbild. Beginnen wir im 17. Jahrhundert mit einem allseits bekannten Satz. Auch für die folgenden Jahrhunderte legen wir nachgerade Jahrhundertsätze frei. Schließlich mündet die Gesamtschau in einem Kernsatz für das angebrochene 21. Jahrhundert, ein Kernsatz, der das Fundament für die neue Wirkungsgesellschaft bildet. Doch der Reihe nach:

Im 17. Jahrhundert der Rationalismus

Die Denkmenschen sagten: »Ich denke, also bin ich.«

Im 18. Jahrhundert der Absolutismus

Die Machtmenschen sagten: »Ich herrsche, also bin ich.«

Im 19. Jahrhundert die Industrialisierung

Die Tatmenschen sagten: »Ich mache und tue, also bin ich.«

Im 20. Jahrhundert die Kommunikation

Die Wortmenschen sagten: »Ich spreche, rede und schreibe, also bin ich.«

Im 21. Jahrhundert das Zeitalter der Wirkung

Die Wirkmenschen sagen: »Ich wirke, also bin ich.«

17. Jahrhundert: »Ich denke, also bin ich.«

Der französische Philosophe René Descartes (1596–1650) zeichnet das Bild des Menschen, der zwischen Unendlichkeiten steht, zwischen unendlich Großem und unendlich Kleinem. Dazu eine Lektion in Philosophie. Descartes stößt durch den Zweifel schließlich auf das Unzweifelhafte: das Selbstbewusstsein. Selbst im Zweifel muss das *Ich* vorausgesetzt werden. Descartes formuliert den einen bekannten Satz als *Denkmensch*: »Alsbald machte ich die Beobachtung, dass, während ich so denken wollte, alles falsch, doch notwendig ich, der das dachte, irgendetwas sein müsse, und da ich bemerkte, dass diese Wahrheit ›*Ich denke, also bin ich*‹ so fest und sicher wäre, dass auch die … Skeptiker sie nicht zu erschüttern vermöchten, so konnte ich sie meinem Dafürhalten nach als das erste Prinzip der Philosophie, die ich suchte, annehmen.« Lieber Descartes, lass Dir sagen, gut gedacht ist noch lange nicht gut gewirkt.

18. Jahrhundert: »Ich herrsche, also bin ich.«

Als machtvoller Herrscher strebte der Sonnenkönig Louis XIV (1661–1715) nach Glanz und Größe, nicht nur am Hof des Versailler Schlosses. Seine Fürstlichkeit pflegte ein ganz und gar allmachtlüsternes Selbstverständnis. Ein Satz prägte seinen Absolutismus: »Le soleil, c'est moi!« Louis quatorze herrschte absolut. In seinem Staat konnte er Gesetze geben, aufheben, durchsetzen, wie er wollte, er selbst war nicht daran gebunden. Wir würden meinen, Louis XIV war ein *Machtmensch,* ein herrschsüchtiger obendrein. Im Absolutismus herrschte er über Land und Leute, uneingeschränkt wohlverstanden.

19. Jahrhundert: »Ich mache und tue, also bin ich.«

Im Zuge der Industrialisierung bewegt sich die Arbeiterschaft im 19. Jahrhundert massenhaft vom Lande in die Stadt, verlegt die Schaffenskraft vom Bauernhof in die Fabrik, dabei geht nicht mehr eine Sekunde vom Arbeitslohn verloren, Tag und Nacht rollt das Fließband, an das Fabrikarbeiter geflochten sind. Fließbandarbeiter greifen nach der Kette, legen die Schraubenmutter auf, greifen nach der Kette, stecken die Schraube ein, greifen nach der Kette, schlagen einmal mit dem Hammer, greifen nach der Kette, setzen den Bohrer an, Funken stieben, greifen nach der Kette, befestigen eine Bleilamelle, eine Hülse, eine Paraffinpappe, ein Bündel Kerzen, eine Kurbelwelle, dazwischen greifen sie immer und immer wieder an die Kette. Das Ergebnis ist der *Tatmensch*: Menschen und Motoren rattern immerfort gleich. Das Los der Arbeiterschaft ist die Losung des 19. Jahrhunderts: »Ich mache und tue, also bin ich.« Fließbandarbeiter verkürzten ihre Weltsicht auf Maschinen und Motoren, Schrauben und Ketten. Der Schornstein raucht! Ausgeblendet blieb, aus welchen Gründen auch immer, die Erhellung achtbarer Wirkungen für sich und andere.

20. Jahrhundert: »Ich spreche, rede und schreibe, also bin ich.«

Das 20. Jahrhundert gilt als das Zeitalter der Kommunikation: Radio, Fernsehen, Personalcomputer und Handys machen die Welt zum Dorf. Jede(r) sendet und empfängt. Jede(r) spricht, redet, schreibt. Das Leben wird zur Teilnahme an einer lebenslangen Talkshow, die Talkshow zum Ersatz für das Leben selbst, als eine Art Marktplatz, auf dem stündlich und täglich Klatsch und Tratsch mit Lebensgeschichten wie »Ich hasse dich – du hast alles kaputtgemacht« oder »Hör auf zu saufen, sonst bin ich weg« dargeboten werden. Kaum sind die Scheinwerfer der TV-Studios ausgeschaltet, bleibt das Gefühl: Hauptsache, wir haben darüber geredet … Nicht sehr viel für ein Leben, das sich an einmaligen und einzigartigen Wirkungen messen könnte.

21. Jahrhundert: »Ich wirke, also bin ich.«

Was im 21. Jahrhundert zählt, ist allein Wirkung. Diese Erkenntnis führt zum bahnbrechenden Satz als Grundlage für ein schönes, neues Leben in der Wirkungsgesellschaft: »Ich wirke, also bin ich«.

Die Wirkerin. Der Wirker?

In den Frankfurter Urkunden werden die mittelalterlichen Gewerbe der Frauen in der Zeit 1350 bis 1460 in folgender Anordnung aufgezählt: Kämmerin, Spinnerin, Tuchschererin, Wollenbeschneiderin, Radspinnerin, Spulerin, Weberin, Wirkerin, Leinenweberin, Schnurmacherin, Bändlerin, Bortenwirkerin, Schleierweberin, Schleierwäscherin, Hosenstrickerin, Hudelstrickerin, Hutmacherin, Schneiderin, Näherin, Mantelmacherin, Flickschneiderin, Kürschnerin, Bettebereiterin, Wäscherin, Mattenmacherin, Korbmacherin, Kerzenmacherin, Besenmacherin.

Schon an der Eingliederung in diese Aufzählung wird deutlich, dass sich die Wirkerin im Bereich des Bekleidungshandwerks betätigte. Sie fertigte mittels Haken- oder Spitzennadeln, seltener mit Zungennadeln, durch Verschlingung von Fadenreihen die so genannte Wirkware – ein als Kettenwirkware und Strickware vielseitig verwendbares, feines bis grobes Fadengebilde. Die Wirkerin stellte dadurch Kopftücher, Halstücher, Strümpfe her. Und bewirkte dadurch Schutz, Wärme, Gesundheit usw.

Wirkerin – eine wieder entdeckte Berufsbezeichnung aus dem Mittelalter?
Und jenseits des Bekleidungshandwerks:
Wirkerin und Wirker – eine Berufung für das 21. Jahrhundert?

Ichlinge weg,
Wirklinge her

Das sichtbare Ich der Wirk-menschen

Eigensinn und Gemeinsinn

Wirkmenschen stärken erst sich selbst

Selbstverliebtheit hat eine Geschichte. Sie zu ihm: »Ich liebe dich.« Er: »Ich mich auch.« Damit ist jetzt Schluss: Eigenverliebtheit, Egotrip, Selbstverwirklichung mit höherer Selbstbeweihräucherung und höchster Selbstvergötterung nimmt niemand mehr ernst.

Wenn jeder nur auf seinen eigenen Lustgewinn bedacht ist und die Verantwortung für die Wirkungen seines Handels anderen – namentlich dem Staat – überlässt, dann geht die Gemeinschaft vor die Hunde.

Ohne Gemeinsinn, nur mit Eigensinn kann kein Gemeinwesen leben. Selbstbeschränkung darf nicht zur Selbstlähmung führen. Im Gegenteil: Wir müssen den einzelnen Menschen stärken. Es darf nicht angehen, dass alles geht und es auf nichts mehr ankommt. Dann wird das Schreckgespenst zum Albtraum.

Es muss doch möglich sein, die Marktwirtschaft so zu ergänzen, dass die Menschen veranlasst werden, sich lebenswert wirkungsvoll zu verhalten und nicht wie Raubtiere nach Beute zu gieren. Wenn sich die Menschen in freier Wildbahn zerfleischen und sich zu Tode bekämpfen, kann ich mir vorstellen, dass im 21. Jahrhundert der Kapitalismus ebenso zugrunde geht wie der Marxismus. Denkbar ist, dass eines Tages die Bürger die Nase voll haben und sich etwas anderes wünschen – wahrscheinlich das Gegenteil. Auf das dialektische Gesetz ist immer noch Verlass.

Und es ist durchaus möglich, persönliche Freiheit (Glücksoptionen) zum Wohl des Gemeinwesens zu versöhnen und in Einklang zu bringen. **Weder eine Verherrlichung der Arbeit des Arbeiters noch eine Verdammung des Unternehmers beziehungsweise des Kapitals bringen uns weiter.** Für wie selbstsüchtig man den Menschen auch halten mag, in seiner Natur finden sich offenbar Züge, die ihm das Geschick anderer angelegen sein lassen. Der Rückfall in den Kampf aller gegen alle – Thomas Hobbes mit seinem Leviathan lässt grüßen – steht uns nicht bevor. In der Regel sind Menschen bestrebt, mit harter Arbeit ihre Lebensbedingungen zu verbessern – ein Verlangen, das uns vom Mutterschoß an begleitet und bis zum Grab nicht mehr verlässt.

Der Mensch an sich ist weder gut noch böse. Erst die Wirkungen machen den Menschen zum guten oder bösen Menschen.

Was gut oder böse ist, geben nicht mehr -ismen wie Sozialismus oder Liberalismus, Kommunismus oder Kapitalismus, Katholizismus oder Islamismus, Hinduismus oder Buddhismus, Nationalismus oder Individualismus vor. Wirkungen zu beobachten, zu messen, zu beurteilen ist zwischen und mit den beteiligten Menschen in den Wirkungsgesellschaften auszuhandeln.

Die Verhandungen pendeln zwischen Eigennutz und Gemeinnutz, das ist offener, schwieriger, ehrlicher, verlässlicher als der Glaube an irgendwelche Gurus oder Dogmen.

Vom Marktwert zum Lebenswirkwert

Ichlinge gehen, Wirklinge kommen

64 Millionäre – gestern noch einfach Sterbliche – spuckte im Jahre 1999 allein das Silicon Valley jeden Tag aus. Dort sollte man die erste Million (nicht Exfrau) mit 25 Jahren schon hinter sich haben. Auch 252.000 Millionäre allein in Deutschland schafften die Erste – meist erst nach 25.

Bis zum 11. September 2001 dominierten die vergötterten »Ichlinge«,

die ihr Vermögen möglichst ohne Leistung und Arbeit in immer kürzeren Abständen vervielfachten. Ichlinge verstanden sich darauf, eine stets fettere Sau durch das Börsendorf zu treiben. Und die Sau grunzte managerfreundlich, börseneuphorisch, politikfeindlich, gesellschaftsschnodrig. Die Ichlinge verkürzten ihre Weltsicht auf eine infantile Personalisierung, auf eine totale Simplifizierung, auf ein Soap-Format, als ob sie alle zu lange Teletubbies geschaut hätten: gut und oben die millionenschweren Ichlinge. Böse und unten die unvermögenden Weichlinge.

Börsenverwöhnte Ichlinge als Stars haben sich als »Ich-Aktie« mit einem Markt- und Kurswert gesehen, die heiß begehrt ist – von den Aktionären, von den Medien, von den Headhuntern. Chefs haben alles getan, um den Marktwert zu steigern. Der Marktwert greift jedoch kurz, ist launisch und unterliegt Schwankungen. Chefs haben sich nicht in einem umfassenderen Sinn mit dem Lebenswirkwert auseinander gesetzt. Das rächt sich – mit Karriereknick. Das suchen wir nicht. Wir suchen Wirklinge auf Dauer.

Nach dem 11. September 2001 stehen ausgerechnet Ichlinge als gestrandete Kapitäne am Pranger.

Urplötzlich entdecken Fusionsgeneräle und Börsenboomer das wirkliche Leben (wieder). Gar steht in der wirtschaftsliberalen Neuen Zürcher Zeitung vom 5. Oktober 2002 geschrieben: »Remedur wäre zu schaffen mit einem neuen Menschen, der Distanz und Wort hält und Eigennutz zurückstellt.« Dazu gelang(t)en wenige durch Einsicht, mehrere jedoch durch berufliche und persönliche Crashs. Gleich reihenweise fallen Firmenlenker vom Börsenhimmel direkt in die Hölle. Wenn sich Wirtschaftsführer mit weinerlichem Unterton über die Ungerechtigkeit der Börse beklagen, dann sind sie nicht ehrlich. Wer stolz mit der Welle nach oben reitet, muss sich nicht wundern, wenn er von der Brandung auch mal brutal unters Wasser geritten wird. Vielleicht würde es sich für sie aber lohnen, das Surfbrett in die Ecke zu stellen und nachzudenken, ob es nicht bessere Maßstäbe als Geld und Börsenkurse gibt, um den eigenen Erfolg zu messen – insbesondere persönliche und unternehmerische Beiträge für eine Wirkungsgesellschaft an Zahl und Ziffer. Was wäre vonnöten? Dass die Ichlinge gehen und Wirklinge kommen. Denn Wirklinge spüren: **Menschen wie Unternehmen haben nicht nur einen aktiengebundenen Marktwert. Sie haben einen ungleich höheren Lebenswirkwert für sich und andere.**

Konkret bedeutet dies: Ob ein Manager für 1000 oder 10.000 Euro pro Tag malocht, ob ein Angestellter 1000 oder 5000 Euro monatlich verdient, ob ein Arzt ein Jahressalär von 500.000 oder einer Million Euro bezieht, ob ein Unternehmen ein Prozent oder zehn Prozent Rendite erzielt, ist letztlich nicht wesentlich. Entscheidend ist, welche Beiträge sie damit für eine schöne neue Wirkungsgesellschaft leisten.

Und wer einseitig die Höhe der Gagen oder die Tiefe der Renditen ins Kreuzfeuer der Kritik reißt, verkennt möglicherweise die Wirkungen, die mit diesen Zahlen und Ziffern erzeugt werden. Kritiker sehen die Gagen und Renditen der Ichlinge, sehen nur an Ichlinge heran, selten in diese hinein: Wirkungen blieben bislang im Verborgenen.

Wirklinge zeigen Wirkungen auf: Der Chef einer Unternehmung legt dar, wie er aufgrund einer höheren Gesamtgehaltssumme zwar eine branchenüblich leicht tiefere Rendite erzielt, dafür mit ebendiesen höheren Löhnen für zehn Angestellte pro Monat den Erwerb von Eigentum bewirkt. In der schönen neuen Wirkungsgesellschaft gilt dieser Chef als Wirkling mit einem hohen Markt- und noch höheren Lebenswirkwert, nicht jedoch als Ichling. Die Revolution ist eine andere: Unternehmen, und damit Manager und Angestellte, sind nicht nur versimplifizierend an Prozentsätzen wie Gewinn vor und nach Zinsen und Steuern zu messen, sondern auch an den Wirkungen für eine neue schöne Wirkungsgesellschaft. Entscheidendes, was Unternehmen für Menschen und die Gesellschaft bewirken, wird bis heute gar nicht gesehen, gar nicht gemessen, gar nicht bewertet. Die Finanzwissenschaften geben zwar eine Genauigkeit bis 15 Stellen hinter dem Komma vor. Damit schießen sie am Ziel vorbei. Wir sind gefordert, Kennzahlenreihen für Wirkungsreihen, für Lebenswirkwerte von Unternehmen und Menschen zu suchen, zu entwickeln. Da stehen wir, mit oder ohne Ökonomie, erst in den Kinderschuhen. Siehe auch Seite 127.

Vom Geld- zum Wirkungsmillionär

Im 20. Jahrhundert drehte sich alles ums Geld. Und in der Ich-AG drehten sich alle um Millionäre: Nur wer Gewinn an Zahl und Ziffer erzielte, schien wer.

Zu Beginn des 21. Jahrhunderts treten die geld- und geltungssüchtigen Ichlinge ab, die Wirklinge begründen die neue Generation der Wirkungsmillionäre.

Nicht Geld, nicht Macht, nicht Worte oder Taten stehen im Mittelpunkt.

Unter dem Strich zählt zeitlebens nur eines: Wirkung. Deshalb die Losung:

Werde Wirkungsmillionär.
Wirke millionenfach.

Wirke beobachtbar, messbar, achtbar – für dich und andere.

Eigensinn und Eigennutz –
Mittel zum Zweck der Wirkung

Das sichtbare Ich

Wir erwarten Wirkungen nicht von der Wohltätigkeit des Metzgers, Brauers, Buchhalters, sondern von deren Bedacht auf ihre eigenen Interessen. Wir wenden uns nicht an deren Menschlichkeit, sondern an ihre Eigenliebe: **Eigenliebe nicht als Selbstzweck, sondern als Mittel zum Zweck, als Mittel, Wirkungen nach eigenem Wunsch und eigener Verantwortung erzeugen und entfalten zu können.** Wenn ich mich gern mag, vermag ich Gutes für mich und andere zu bewirken.

Adam Smiths »unsichtbare Hand« ist, auf einen einfachen Nenner gebracht, das ständige Streben des Menschen, sein Los in der Welt der Knappheit und Enge zu verbessern und sich um Anerkennung unter den Mitmenschen zu bemühen, ohne dabei seine Umgebung oder seine Umwelt zu schädigen. Dieses Streben nach einem besseren Leben in der Gemeinschaft ist zeitlos und gehört zu den wesentlichen Lebens- und Daseinsbedingungen der Menschheit.

In Ergänzung zu Adam Smith verpflichten wir die Menschen nicht nur auf die Hand, sondern ganzheitlich auf den Kopf (die Denke) und das Herz (die Gefühle). Wir verpflichten die Menschen, Flagge zu zeigen, zu den Wirkungen zu stehen; deshalb fordern wir, wenn immer möglich, die sichtbare Hand, den sichtbaren Kopf, das sichtbare Herz. **So fühlen wir uns denn berechtigt, das »sichtbare Ich« als Sinnbild für Eigennutz und Eigenliebe als Mittel zum Wirkungswohl seiner selbst und an Mitmenschen und der Gesellschaft zu proklamieren.** Das sichtbare Ich ist Bedingung der Möglichkeit, eine neue Wirkungsgesellschaft zu schaffen, ist Bedingung der Möglichkeit, die Rückkehr von Verantwortung und Verlässlichkeit als Antwort auf Verunsicherungen und Vertrauensverlusten zu bewerkstelligen. Das gilt nicht nur für Metzger, Brauer und Buchhalter.

Urvertrag für Wirkmenschen

Wirkung als Maß des Lebens beginnt mit einem grundlegenden Tausch, einem menschlichen Urvertrag: Ich wirke für andere, und andere wirken für mich – geldwert, zeitwert, erlebniswert, achtenswert, lebenswert.

Wirkung ist Ausdruck eines vernetzten und verzahnten gesellschaftlichen Willens. Dazu müssen wir nicht eine neue Ideologie erfinden. Wir müssen auch nicht auf eine neue Autorität warten. Das ist vergebene Liebesmüh zum einen. Das gebietet die Gottesfurcht zum anderen. Nehmen wir den Menschen also so, wie er ist. Wir beginnen einzig, unser Leben neu und schön zu verwirklichen.

Neu heißt:

nicht nur Gutes zu tun und darüber zu sprechen, sondern die Wirkungen unserer Worte und die Wirkungen unserer Taten überhaupt erst einmal zu sehen, aufzuspüren, zu erkennen, zu begreifen, schließlich auch zu messen, zu bewerten.

Schön heißt:

sich ob dieser Wirkungen zu freuen, allfälligen Schaden abzuwenden oder zu begrenzen, Wirkungserfolge zu stärken und weiter zu entfalten.

Und wie wir sehen werden, entpuppt sich die menschliche Wirkungsgabe und Wirkungskraft weder als das himmlische Werk des Teufels noch als der höllische Schiffbruch der Engel, sondern als eine höchst sinnvolle und nützliche Einrichtung in dieser besten aller Welten. Nur schenkten die Menschen ihren Wirkungen bislang wenig Beachtung, meist übersahen sie diese: aus den Augen, aus dem Sinn. Wirkmenschen hingegen spüren ihre Wirkungen auf. Mit dem sichtbaren Wirkungs-Ich begeben wir uns auf den Weg hin zu einer schönen neuen Wirkungsgesellschaft.

Eine neue Ära beginnt

Die Wirk-menschen kommen

Einfache Entscheidung zum Wirkerfolg

Das Leben ist zu kurz für schlechten Wein

Zwischen 2000 und 2020 verändert sich die Welt stärker als zwischen Christi Geburt und dem Jahr 2000. 100-mal mehr ändert sich in den kommenden 20 Jahren als in den vergangenen 2000 Jahren. Da kommt es darauf an, sich zu entscheiden. **Nicht alles für alle ist zu tun – das gibt am Ende nichts. Sondern Wirksames für wenige – das gibt am Ende viel.**

Angesichts des raschen Wandels wächst das Unverständliche schneller als das Verständliche. Und ebenso klar wächst das Vertraute langsamer als das Unvertraute. Doch in das hohe Klagelied, das Leben sei nie zuvor so schwierig, so schwer wie heute gewesen, mögen Wirkmenschen nicht einstimmen.

So wie Sie nicht 50 werden sollten, um zu erkennen, dass das Leben zu kurz für schlechten Wein ist, sollten Sie erkennen, dass es im Leben zwei, drei Entscheidungen gibt, die ebenso einfach wie erfolgversprechend sind:

- Erstens: Werde ein Wirkmensch.

- Zweitens: Suche dir deine Mitwirkmenschen verlässlich aus.

- Drittens: Achte auf achtbare Wirkungen statt auf blendende Worte oder bluffende Taten.

Mit 20 Jahren erwachsen?

Erwachsen ist, wer wirkt

Man sagt, mit zarten 20 Jährchen seien Menschen erwachsen. Wirkmenschen räumen mit solchen Sprüchen auf und schärfen den Blick für das Wesentliche.

Mit 20 mögen Menschen wohl körperlich ausgewachsen sein. Erwachsen im Sinne eines wirkungserfüllten Lebens sind sie nie und nimmer. Mit 20 fängt das Leben für eigenverantwortete Wirkungen eben erst ernst an.

Unser Weg ist gänzlich unvorhersehbar, gänzlich ungewiss. Schon morgen kann der letzte Tag sein. **Deshalb wachse und wirke heute und immer über dich hinaus.**

Wirkungsfreiheit clever nutzen

Das Glücksmanagement, das ist für viele Zeitgenossen ein Riesenstress. Denn Menschen sind von Glücks- und Wirkungsoptionen umzingelt. Wir haben die Berufsfreiheit, Handel- und Gewerbefreiheit, Ehefreiheit, Niederlassungsfreiheit, Reisefreiheit, sexuelle Freiheit. Wir können jobben, jetten, shoppen, rund um die Uhr ausgehen, so viel wir wollen. **Wir sind total frei und total glücklich. Theoretisch.**

In der Praxis gibt die viele Freiheit viel zu tun. Es gilt, die eigene Wirkzeit/Tageszeit/Wochenzeit/Monatszeit/Jahreszeit/Lebenszeit möglichst clever mit möglichst glücklich machenden Wirkungen für sich und andere zu gestalten.

Lebensaktie

Die Leibgeburt

Alle sind wir irgendwann geboren. Die Leibgeburt ist die Schmerzgeburt. Mütter haben's erfahren. Väter bezeugen es. Und doch sind noch nicht alle so recht auf die Welt gekommen: Leibgeborene schreien, saugen, schlagen und schlafen. Später hetzen, eilen, schuften, kriechen, strampeln, hecheln, drückebergern sich Schmerzgeborene durchs Leben. Allesamt sind sie zwar leibhaftig geboren. Doch gelebt haben sie nicht eine Minute.

Die Kopf- und Herzgeburt

Nach der Leibgeburt steht für den Menschen die Kopf- und Herzgeburt, so etwas wie die Lebensgeburt an, gleichsam eine zweite Geburt, um endlich auf der Welt *und* bei den Menschen anzukommen: Die Lebensgeburt legt die Denke und die Gefühle für menschennützliche Wirkungen frei:

Kopfgeborene

entscheiden sich vernünftig und verantwortend für Wirkungen, die sie erzeugen. Sie verbrennen eigenen Gehirnschmalz, um sich und den Menschen nützlich zu sein.

Herzgeborene

vertrauen in die eigene Wirkkraft; beherzt packen sie in ihrem Leben eigene, einzigartige Wirkungsgeschichten an.

Die wertvollste Aktie

> Wertvoller als jede Aktie ist die Geburtsanzeige. Für Wirkmenschen ist die Geburtsanzeige gar das wertvollste Wertpapier überhaupt. Mit unterschiedlichen Renditen: Es dümpelt um eine schwarze oder rote Null bei Leibgeborenen. Es steigt – auch mit Rückschlägen, mit Auf und Abs, bei Kopf- und Herzgeborenen, denn mit ihren Wirkungen tragen sie zu einem schönen, neuen Leben bei – für sich, ihre Eltern und Kinder und andere.

Alter schützt vor Wirkung nicht

Über Generationen wirken

Herkömmliche Lebensmuster für bestimmte Altersgruppen sind Auslaufmodelle. Alle Altersstufen gehören zu den Wirkmenschen und steuern Beiträge für die Wirkungsgesellschaft bei:

Wir brauchen die Mittleren

Das Durchschnittsalter der Bevölkerung steigt weiter, zugleich fühlen sich die Älteren aber immer jünger. Im Jahr 2020 wird ein Schwerpunkt bei den 40- bis 50-Jährigen liegen, aber die 40-Jährigen von morgen werden noch viel jünger leben und denken als die 40-Jährigen von heute. Damit werden und sind sie fit, für lange und längere Zeit Wirkungen zugunsten des Unternehmens, der Öffentlichkeit, der Angehörigen und seiner selbst zu erzeugen.

Wir brauchen die Alten

Noch nie in der Geschichte gab es die Aussicht auf ein derart langes Leben: Jeder Vierte ist über 65. Alter schützt vor Wirkungsdrang nicht. Sie kurbeln sinnvolle Wirkreihen an. Vorbei die Zeit, mit 66 still vor sich hin zu sterben. Gestorben ist, wer nicht mehr wirkt. Das ist so falsch wie richtig. Recht eigentlich dürfen wir feststellen: Gestorben ist erst, wessen Wirkungen in der Nachwelt in Vergessenheit geraten.

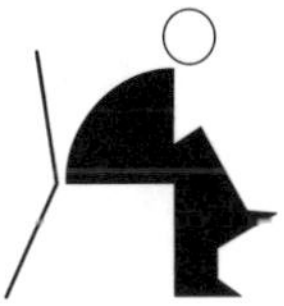

Wir brauchen die Jungen

Noch nie in der Geschichte gab es so viele so gut ausgebildete, so gesunde, so selbstständige, so kaufkräftige Jugendliche wie heute. Genau das brauchen die Jungen, um als Wirkungsmenschen die nächsten 20 bis 40 Jahre gestalten zu dürfen. Dabei verbitten sich immer mehr junge Menschen die fürsorgliche Belagerung durch Ideologien, durch Funktionäre, die sich als Parteiprogramm ausgeben. Junge wollen eigenverantwortlich entscheiden, wofür sie als Causa einstehen. Die junge Generation des 21. Jahrhunderts löst sich selbstbewusst aus dem Schatten der Werterevolution der 68er-Jahre. Sie muss sich und anderen keine Protesthaltung mehr beweisen. Sie richtet sich stattdessen auf ein ebenso langes wie erfülltes Wirkleben ein.

Für die Jungen, Mittleren und Alten gilt dieselbe Erkenntnis: Wer alles schon bewirkt hat, leidet. Auch wer gar nichts zu bewirken vermag, leidet. **Am besten geht es Wirkmenschen, die in ihren Wirkungszielen noch nicht angekommen sind.**

Vom Schönheits- zum Wirkungsideal

Sind Sie hübsch oder hässlich? Entscheiden Sie selbst. Und lesen Sie zuerst Ihren Part:

— Die Hässlichen: Außen krumm, innen dumm? —

Ist Ihnen schon einmal aufgefallen, dass viele hässliche Menschen wegen ihres hässlichen Äußeren anscheinend den schlechten Eindruck, den andere von ihnen haben, nicht teilen? Schlecht aussehende Menschen finden sich oft gar nicht so hässlich, wie andere sie einschätzen. Hässlich aussehende Menschen sind sich der Tatsache bewusst, dass der schlechte Eindruck, den andere von ihnen haben, nicht auf inneren Werten wie Fähigkeiten oder Fertigkeiten beruht, sondern oft bloß auf der äußeren Erscheinung. Und diese Kluft beeinträchtigt bei hässlichen Menschen oft die Entwicklung eines sicheren Selbstwertgefühls.

—— Die Hübschen: Außen fix und innen nix? ——

Ist Ihnen schon einmal aufgefallen, dass viele hübsche Menschen trotz ihres anziehenden Äußeren anscheinend den positiven Eindruck, den andere von ihnen haben, nicht teilen? Gut aussehende Menschen finden sich oft gar nicht so toll, wie andere sie einschätzen. Gut aussehende Menschen sind sich der Tatsache bewusst, dass der gute Eindruck, den andere von ihnen haben, nicht auf inneren Werten wie Fähigkeiten oder Fertigkeiten beruht, sondern oft bloß auf der äußeren Erscheinung. Und diese Kluft beeinträchtigt bei hübschen Menschen oft die Entwicklung eines sicheren Selbstwertgefühls.

Wer meint, hübschen Menschen falle alles leichter im Leben, befindet sich auf dem Holzweg. Und wie steht es mit dem Selbstwertgefühl hässlicher Menschen?

Vom Selbst wert gefühl zum Selbst wirk gefühl

Was folgern wir daraus? Solange das Aussehen der Menschen ihr Selbstwertgefühl prägt, entwickeln weder die hübschen noch die hässlichen ein starkes Selbstwertgefühl. Das Aussehen täuscht, das Selbstwertgefühl trügt.

Und wer mit einem Durchschnittsaussehen durchs Leben zieht, bringt es allerhöchstens auf ein durchschnittliches Selbstwertgefühl.

Heerscharen flüchten in die Esoterik: Räucherwerk, Einhörner, Schneekugeln und Himalaya-Kristallsalz korrelieren hoch mit einem (abgrund-)tiefen Selbstwertgefühl. Dazu gibt es eine echte Alternative, die durchschüttelt und aufrüttelt.

In der Wirkungsgesellschaft legen Wirklinge das Augenmerk nicht mehr länger auf das Aussehen, sondern auf verlässliche Wirkungen, die sie selbst und andere erzeugen. So entwickeln hübsche, hässliche und durchschnittliche Wirkmenschen ein starkes Selbst*wirk*gefühl in einem Maße, wie sie sichtbar, messbar und achtbar für sich und andere wirken. Gut ist, wer so wirkt. Und wer so wirkt, entwickelt ein starkes Selbstwirkgefühl.

Gestern Schönheits ideal , morgen Wirkungs ideal

Frauen und Männer heiraten nicht länger nur aus Liebe, sondern werden mit Versprechungen auf Wirkungen umworben.

Bei der Auswahl des Lebenspartners bevorzugt man Frauen und Männer, die geschickt wirken – für sich und andere. Wirkmenschen spüren die Wirklichkeit der Wirkungen ihrer Lebenspartner auf. Sie decken den Wahrheitsgehalt der Wirkungen auf. Sie fragen einem hart recherchierenden Journalisten gleich: »Wer bewirkt was wie mit wem wann wo warum wozu?«

> Das Schönheitsideal weicht im 21. Jahrhundert dem Wirkungsideal. Begehrte Wirklinge sind hübsch oder hässlich, jedenfalls sind sie wirkungserfüllt, sie beobachten die Wirkungsspuren, wählen sinnstiftende Wirkungskreisläufe für sich und andere, eigen- und gemeinnützig.

Vom Werkzeug zum Wirkzeug

Das ist der Hammer

Der Mensch als Maschine?

Warum der Welt Wesentliches fehlt

Die Moderne erklärt Menschen zu Maschinen. Entweder sie funktionieren. Oder sie werden liquidiert. Repariert wird kaum noch. Alles im Leben auf dieser Erde ist ein endloses Fließen vergänglicher Teilchen. Gemeint sind Fachmenschen ohne Herz zum einen, zum anderen Spaßmenschen ohne Geist: Beide treiben als wirkungslose Nichtse im Lebensstrom abwärts ins Meer der Masse, bilden sich jedoch ein, eine nie vorher erreichte Stufe des Menschentums erstiegen zu haben.

Die Fachmenschen ohne Herz

Abgeschottet im Eiffelturm, abgehoben in spezialisierten Sphären, frisst sie der fachidiotische Alltagstrott auf. Graue Mäuse forschen in Labors. Andere ordnen Belege zwischen 8.15 Uhr und 17.00 Uhr.

Die Spaßmenschen ohne Geist

Schnelle Autos und schnelles Geld bewegen ihre Hintern von Party zu Party. Andere torkeln von Stammtisch zu Stammtisch. Das ganze Leben ist ein Fest, fest ist jedoch nichts mehr unter den Füßen. Einst malochten die Studenten in den Semesterferien noch an Montagebändern, schlugen sich die Nächte als Barmixer oder am Steuer eines Taxis um die Ohren. Heute winkt die schnelle Mark im Fernsehen. Das Ziel: Abzocken bei Quizshows, Abzocken im Leben, Abzocken jederzeit und überall, möglichst ohne Aufwand. Begehrlichkeiten sind die verlockenden Leuchttürme im Warenmeer der Unverbindlichkeiten. Wenn alles einzigartig ist, ist nichts mehr einzigartig. Wo alles unverwechselbar ist, ist nichts mehr unverwechselbar.

Zwar ahnen die getriebenen Menschen, dass etwas Wesentliches in der Welt fehlt. Ihr Leben spielt nicht mehr im Ganzen einer persönlich verantworteten und sinnfällig überblickten Umwelt ab. Sie erleben sich nicht mehr als Ursache persönlich verantworteter Wirkungen in sinnfällig überblickten Lebensordnungen. Fach- und Spaßmenschen können tun und lassen, was sie wollen: Früher oder später sehnen sie sich danach, Causa für etwas Sinnvolles, Bedeutendes nicht nur für sich, sondern auch für andere zu sein. Sie sehnen sich nach Sinn – Wirkungssinn. Darauf legen Wirklinge in der schönen neuen Wirkungsgesellschaft Wert.

Das ist ein Hammer – nicht nur für Schreiner.

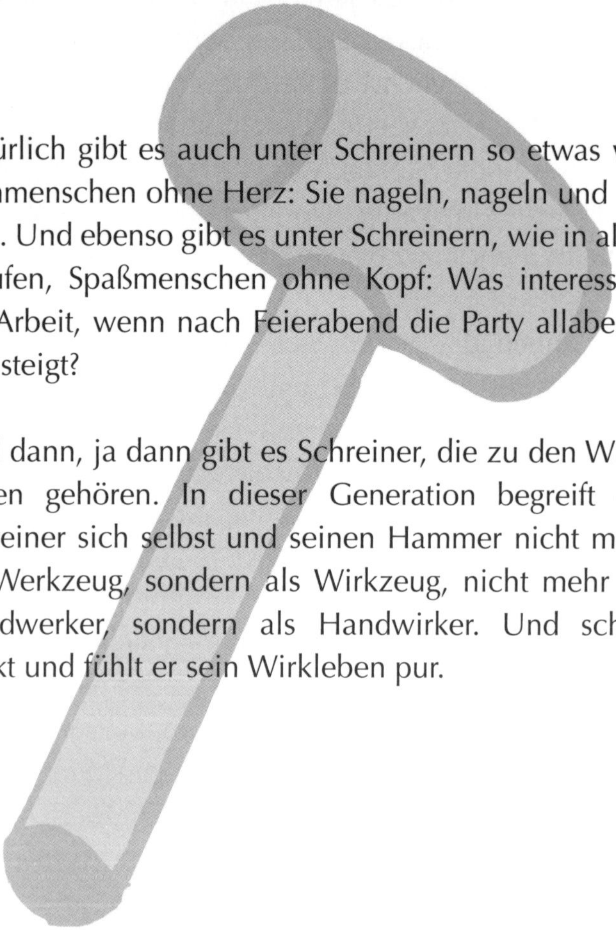

Natürlich gibt es auch unter Schreinern so etwas wie Fachmenschen ohne Herz: Sie nageln, nageln und nageln. Und ebenso gibt es unter Schreinern, wie in allen Berufen, Spaßmenschen ohne Kopf: Was interessiert die Arbeit, wenn nach Feierabend die Party allabendlich steigt?

Und dann, ja dann gibt es Schreiner, die zu den Wirklingen gehören. In dieser Generation begreift der Schreiner sich selbst und seinen Hammer nicht mehr als Werkzeug, sondern als Wirkzeug, nicht mehr als Handwerker, sondern als Handwirker. Und schon denkt und fühlt er sein Wirkleben pur.

Bis heute ist der Hammer ein **Werkzeug**

Der Schreiner schwingt den Hammer durch die Luft und schlägt treffsicher 100 Nägel in dicke und dünne Bretter. 20 Minuten später steht das Bett fertig da. Aus den Augen, aus dem Sinn: Schon wendet sich der Schreiner anderen Brettern zu. Das geht so Stunde für Stunde, Tag für Tag, Woche für Woche, Jahr für Jahr. Der Schreiner macht zwar »Nägel mit Köpfen«: Keiner kann schneller und treffsicherer als er 100 Nägel einschlagen. Daran wird er gemessen. Doch macht der Schreiner seine Arbeit beherzt oder gar mit Köpfchen? Nein. Schön findet er die Plackerei mit der Naglerei nicht. Der Hammer als Werkzeug macht sein Leben nicht schöner.

Ab heute ist der Hammer ein **Wirkzeug**

Der Schreiner sieht den Hammer und sich selbst nicht als Werkzeug, sondern als Wirkzeug: In seinen Betten schlafen, träumen, lieben, erholen sich Menschen. Der Schreiner wandelt sich vom Tatmenschen zum Wirkmenschen: Er zimmert nicht nur im 20-Minuten-Takt Betten zusammen, sondern bewirkt mit Betten echtes Leben. Auf des Schreiners Produkten liegen Menschen, wie sie sich betten. Auf seinen Betten werden Kinder gezeugt, Strategien angedacht, Ehen angebahnt und ihrem Ende entgegengeführt, Gedanken entwickelt, Albträume erlitten, wird ums Überleben gerungen, werden die innersten Gefühle freigelegt, die verrücktesten Ideen geboren, die bösesten Pläne geschmiedet, die zärtlichsten Momente erlebt, Identitäten entdeckt, die schwerwiegendsten Entscheide gefällt. Auf seinen Betten wird gestorben, geliebt, gestritten, geboren, gekämpft, gelacht, gelitten, geraucht, gesungen, gedacht, geschrien, gekitzelt, gesoffen, gekotzt, geheilt, gepflegt, geheult, gerungen, gekuschelt …

Wundert es uns, wenn der Schreiner mit einem feinen Lächeln durch die Welt geht ... wenn er entdeckt hat, dass er ein Wirkling ersten Grades ist?

In dieser unserer Welt sind Wirkmenschen wie der Schreiner im Alltag so etwas wie die wahren Stars. Diese leben mitten unter uns, gar mit und bei uns – wie Beispiele aus der Abfallentsorgung, Luftfahrt, Abwasserreinigung, Postzustellung, Elektroinstallation, Bibliotheksausleihe oder Straßenwacht belegen.

Alltag ist Wirktag –
Alle Tage ist Wirktag

Die wahren Stars

Mehr als Abfallentsorgung

Wirkung von unten

Wenn die Reinigungskolonnen in den orangen Overalls ausrücken und die Abfalleimer im Stadtpark in ihre Handkarren leeren, beseitigen sie ja »nur« Abfall. Aber nur geleerte Abfalleimer laden zur Benutzung ein; sind sie übervoll, bildet sich um sie herum schnell ein unansehnlicher Haufen Unrat; dieser zieht die Ratten an, deren parasitenversetzter Kot in den nahen Sandhaufen die Gesundheit kleiner Kinder gefährdet. Wo Dreck und Müll herumliegt, bleiben die Familien, die freundlichen alten Damen und die schicken Sonntagsspaziergänger weg. Jugendbanden, Drogensüchtige und anderes lichtscheues Gesindel besetzt diesen Raum, der so bald zur rechtsfreien Zone wird, in der sich Elend, Krankheit und Verbrechen breit machen. Dies alles strahlt immer auch auf die Nachbarquartiere aus. So können ganze Stadtteile verslumen. So tragen die Reiningungskolonnen oft Wirksameres zu einer sicheren und lebenswerten Umgebung bei als jeder grimmige Polizist. Angehörige von Reinigungskolonnen werden oft belächelt, abgewertet und erniedrigt. Spätestens in der schönen neuen Wirkungsgesellschaft ist dem nicht mehr so.

Mehr als Luftfahrt

Punktlandung ist Wirklandung

Ab den zehn größten europäischen Flughäfen – namentlich Heathrow, Frankfurt, Charles De Gaulle, Amsterdam, Madrid, Gatwick, Fiumicino, Orly, München und Zürich – haben Piloten allein im Jahr 2001 insgesamt 355 Millionen Flugpassagiere befördert.

Wenn Berufsflugzeugführerinnen und -führer abheben und landen, fliegen sie ihre Passagiere nicht einfach von Punkt A zu Punkt B. Piloten wirken – und wie! Piloten bringen ...

- Starmodels zur Präsentation der neuen Haute Couture
- frisch beförderte Niederlassungsleiter an ihre neue Stelle
- Werkspione mit ihrer gut verborgenen Beute zum Auftraggeber
- sich überraschen wollende Verliebte unwissentlich aneinander vorbei
- erkannt werden wollende Show-Eintagsfliegen zum vermeintlichen Comeback

- aufgeregte Jungverkäufer zu sinnlosen Motivationsmeetings (europe-wide)
- desillusionierte Altverkäufer zum überraschenden »Sale-of-the-year«
- dauerknipsende Japaner morgens von London nach Paris, mittags von Paris nach Rom und abends von Rom nach Athen
- unheilbar Kranke zum stillen Sterben nach Hause
- aufgeregte Menschen jeden Alters überhaupt zum ersten Mal
- Fingernägel kauende Souschefs zu ihrer nicht so überraschenden Entlassung
- sehr, sehr teure Damen zu sehr, sehr billigen Herren mit viel, viel Geld
- wachsame Sicherheitsbeamte im richtigen Moment mit Regierungsbeamten in vertraulicher Mission zur Friedenskonferenz
- Missionare voller Zuversicht zu noch unbekehrten Seelen
- Zivilstandsbeamte zurück aus den langen Ferien an den Traualtar
- Ferienveranstalter in rein beruflicher Absicht zu den schönsten Destinationen
- eifersüchtige Ehemänner voller Rachegedanken zur Exexfrau
- Karnevalsfunktionäre voll bitterem Ernst zur prunkvollsten aller Sitzungen
- ernüchterte Eheberater mit dem Entschluss, sich endgültig einen andern Job zu suchen, zum Probewochenende ins Kloster

- dösende Professoren zur dezidierten Degradierung von Kollegen
- gelangweilte Berufsdemonstranten zum nächsten internationalen Protest
- sündige Priester an den Ort ihrer strafweisen Versetzung
- ehemalige Priestergeliebte zurück in ihre langweilige Realität
- ganz normale Pauschaltouristen gemeinsam zum kollektiven Sonnenbrand

Und weitere 354,99 Millionen Passagiere mit ihrer ganz persönlichen Lebensgeschichte, die viele 100 Kilometer weiter weg ihre Wirkfortsetzung findet.

Soll noch eine(r) sagen, Piloten würden vor allem fliegen. Piloten bewirken vor allem Leben pur.

Bereichernd ist ein Pilotenleben erst als Piloten*wirk*leben, mögen die Piloten so viel Euros verdienen, wie sie wollen.

Mehr als Abwasserreinigung

Klärende Wirkung

Die Kläranlage Bottrop bewältigt Abwasser von etwa 650.000 Einwohnern und eine etwa gleich große Menge an Industrieabwasser aus zirka 240 Quadratkilometern im Gebiet der Städte Bottrop, Bochum, Essen, Gelsenkirchen und Gladbeck. Ein mittlerer Jahreszufluss von 4000 Litern pro Sekunde ergibt eine ganze Menge ausgefilterten Schlamms. Dieser wird in Faultürmen »vergärt« und das dabei gewonnene Gas zur Wärme- und Energiegewinnung genutzt. Der ausgefaulte Schlamm wird mit Kohle angereichert zu Brennstoff weiterverarbeitet.

Der Kläranlagenarbeiter hat so gesehen ja nicht nur einen »Scheißjob« – obwohl er sehr danach riecht –, sondern ist auch Wirkmensch zu Lande, zu Wasser und in der Luft. Er bewahrt unsere Landschaften und Gewässer vor Vergiftung durch Schwermetalle und andere Industrieabfallprodukte. Man stelle sich einmal vor, die ganzen Schlämme würden achtlos in die Gegend deponiert. Was für ein Gestank! Und wie schnell wären weite Landstriche unbewohnbar, unsere Seen, Flüsse und Meeresbuchten biologisch tot.

Durch die Verwandlung von Dreck in energetisches »Gold« wird der Klärarbeiter nicht nur zum Alchimisten, als Wirkmensch wird er indirekt zum Discjockey, zum Fernsehmitarbeiter, zum Sänger, Moderator und Beleuchter, zum Betreiber und Beweger all dessen, was Strom braucht und beheizt werden will, und er schützt dabei noch die Natur!

Wirksamer geht's nun wirklich nicht mehr.

Aufklärung und Mündigkeit per Post

Postboten stellen nicht nur Brief- und Paketsendungen, Prospekte und Kataloge, Tageszeitungen und Wochenblätter zu. Entscheidend ist die Wirkung, die sie mit den Sendungen bei den Menschen erzeugen: Mit Zeitungen setzen Postzusteller die Menschen in den Stand, als mündige Bürgerinnen und Bürger aufzutreten. Mit Produktekatalogen setzen Postzusteller die Menschen in den Stand, als aufgeklärte Konsumenten aufzutreten. Postboten schaffen Mündigkeit und Aufklärung in der Bevölkerung. Als Wirkmenschen sind Postzusteller/innen **Botschafterinnen und Botschafter der Mündigkeit und Aufklärung.** In einer freien Marktwirtschaft und in der Demokratie immerhin sehr hoch geschätzte Werte. Und schon ist der Wert des Postzustellers höher als gemeinhin angenommen, auch dann, wenn diese mit Fahrrad oder Roller vors Haus fahren.

Natürlich lade ich Sie ein, Ihre Sichtweise zu ändern. Vielleicht beginnen Sie, Ihren Postzusteller als Wirkmenschen zu sehen. Er steckt nicht nur Rechnungen und Zeitungen in Ihren Briefkasten. Er bewirkt, dass Sie als Staatsbürger mündig und als Konsument aufgeklärt wirken. Sagen Sie ihm, dass er als Wirkmensch für Sie wichtig ist. Anfangs wird er vielleicht verlegen, vielleicht verblüfft sein. Auf dem Weg zu einer schönen neuen Wirkungsgesellschaft kann das für den Postboten und für Sie einer der kleinen – verrechnungsfreien – Schritte sein.

Mehr als Elektroinstallation

Wahre Lichtgestalten

Nicht mehr wegzudenken und doch kaum mehr als eine Selbstverständlichkeit: die Annehmlichkeiten per Knopfruck. Dabei sind die Fakten erstaunlich: 70 Millionen Installationsschalter bauen Elektroinstallateure in Deutschland jährlich ein. So beeindruckend diese Zahl, so hart die tägliche Arbeit auf Baustellen, so sicher und störungsfrei die Schalter auch angelegt sind, entscheidend ist die Wirkung, die Installateure für die Menschheit erzeugen: Elektroinstallateure bringen Licht in die Dunkelheit, machen die Nacht zum Tag, führen die Menschheit sprichwörtlich aus der Umnachtung. Elektroinstallateure erst bringen das Leben der Menschen zum Erleuchten. Bei Licht betrachtet: In der Wirkungsgesellschaft sind Elektroinstallateure **wahre Lichtgestalten**.

Mehr als Bibliotheksdienst

Wissensmanagement per Ausleihe

Bibliothekare sind Beamte. Bekanntlich brauchen Beamte nichts so sehr wie ihre Ruhe. Bibliotheken sind Orte der Ruhe – für beamtete Bibliothekare scheinbar das schiere Paradies auf Erden. Und schon macht sich der Generalverdacht breit: Im Mief der verordneten Stille bewegt sich grundsätzlich mal nichts. Und wenn sich in Bibliotheken schon mal was tut, dann nur, weil jemand ein Formular ausfüllt und sich ein Buch ausleiht. Gehen wir näher ran an die Wirklichkeit. Die Ausleihverantwortliche der Deutschen Bibliothek in Frankfurt gibt täglich 1810 Bände aus. Was für eine langweilige Beschäftigung von Montag bis Freitag ... Denkste! Wirkmenschen sehen das anders, ganz anders: Tag für Tag trägt die Ausleihe zur Bildung der deutschen Bevölkerung wesentlich bei. Mit jeder Entleihung vermehrt die Dame von der Bibliotheksausleihe das Wissen in Deutschland, so gesehen ist sie eine Wissensmanagerin, eine **Know-how-Managerin**. Als Wirkmensch trägt sie zur Wissensvermehrung der deutschen Bevölkerung bei. Mit jeder Ausleihe eines Buchs bewegt die Beamtin an der Ausleihe ein gutes Stück Deutschland hin in eine gebildete, wirtschaftlich gesicherte Zukunft, in der Studienabschlüsse, Familiengründungen, Unternehmensneugründungen, Produktinnovationen, kurzum Wertschöpfung möglich sind.

Mehr als Pannenhilfe

ADAC

Mit dem gelben Engel in Urlaub

Rund um die Uhr sind knapp 1700 Gelbe Engel des ADAC im Einsatz, darunter deutschlandweit vier Frauen. Seit 1990 gehört die 40-jährige Doris Giese aus Garbsen bei Hannover zu den Straßenwachtfahrerinnen. In zehn bis 15 Einsätzen pro Tag leistet die gelernte Kfz-Mechanikerin den Mitgliedern des ADAC Pannenhilfe.

Meist warten Autofahrerinnen und Autofahrer auf Schutzengel Doris. Doch an diesem einen Sommertag 2002 in Hannover war alles ganz anders. Doris ist mit ihrem Pannenhilfefahrzeug unterwegs. Ein Ehepaar aus dem Ruhrgebiet bringt den Motor nicht mehr flott. Unterwegs sind sie nicht mit einem Auto, sondern mit … einem Segelboot. Doris prüft das Schiff. Im Mittellandkanal kommt das Segelboot nur mit Motor weiter. Kraftstoff ist gebunkert. Mit der Starthilfe bringt sie den Motor zum Laufen. Die Lichtmaschine ist in Ordnung. Die Batterien sind alt, halt zu alt. Flugs fährt Schutzengel Doris mit der Ehefrau in einen Baumarkt, um zwei geeignete Batterien derselben Stärke zu kaufen. Doris baut die Batterien ein. Und schon tuckert das Ehepaar aus dem Ruhrgebiet mit ihrem Segelboot ostwärts dem Urlaubsziel, der Mecklenburgischen Seenplatte, entgegen. In der Wirkungsgesellschaft ist Doris Giese ein wahrer Wirkengel, aber genau diese Wirkhilfen in jeder Lebenslage bringen 14,7 Millionen Mitglieder zum ADAC.

Mehr als goldenes Handwerk

Vom Handwerker zum Handwirker

Ein Bäcker backt nicht nur Brote. Er bewirkt Körperwachstum, Gesundheit, Ausdauer, Aufnahmefähigkeit und so weiter.

Ein Banker vermehrt nicht nur Vermögen. Er bewirkt Sicherheit, Konsumfreude, Investitionsbereitschaft und so weiter.

Eine Floristin bindet nicht nur Blumen. Sie bewirkt Glück, Freude, Trost, Ermunterung, Wohnungsschmuck, Wiedergutmachung und so weiter.

Eine Hebamme bringt nicht nur Kinder zur Welt. Sie bewirkt Schöpfung und Erschöpfung, Lachen und Weinen, Nachfrage nach Kinderkleidern, Kinderzimmern und so weiter.

Ein Lokomotivführer führt den Zug nicht nur von Kassel nach Fulda. Er bewirkt Handel und Händel, Umarmungen und Tränen, Freundschaften und Feindschaften und so weiter.

Ein Maurer mauert nicht nur Stein auf Stein. Ein Maurer bewirkt Wohnlichkeit, Häuslichkeit, Geborgenheit und so weiter.

Ein Orgelbauer baut nicht nur Orgeln. Er bewirkt Wohlklang, Harmonie, Musikgenuss, Entspannung, Trost und so weiter.

Ein Optiker passt nicht nur Kontaktlinsen an. Er bewirkt Armeeeinsätze, Urlaubsreisen, Wassersportaktivitäten wie Schwimmen oder Tauchen und so weiter.

Ein Plakatierer klebt nicht nur Werbeplakate. Er bewirkt Träume, Wünsche, Sehnsüchte, Kaufentscheide, Geldflüsse und so weiter.

Ein Schalterbeamter verkauft nicht nur Reisekarten. Er bringt Menschen zusammen, bewirkt Konzertbesuche, Kochkunst, Kinderzeugung und so weiter.

Ein Straßenbauer baut nicht nur Straßen. Er bewirkt Geschäfte, Arbeitsstellen, Unternehmensgewinne, Ertragskraft und so weiter.

! Die Wirkungsgesellschaft beginnt in uns selbst. Wir beginnen, Menschen und ihre Dienstleistungen, Dinge und Begriffe anders zu sehen, anders zu denken, anders zu beobachten, anders zu beurteilen.

In der Wirkungsgesellschaft ist ein Bäcker immer auch ein Wirkbäcker, ein Banker immer auch ein Wirkbanker, eine Milchkuh immer auch eine Wirkkuh, ein Krankenwagen immer auch ein Wirkwagen, eine Lesebrille immer auch eine Wirkbrille, ein Hamburger immer auch ein Wirkburger, ein Pausenkaffee immer auch ein Wirkkaffee.

Beginnen Sie, in Dingen die Wirkkraft zu begreifen, hinter den Menschen ihre Wirkkraft zu entdecken? Die Welt ist eine Wirkwelt. Und Menschen sind recht eigentlich Wirklinge, wenn auch oft im Hintergrund.

Kleine Welt – große Wirkung

Wirken im Hintergrund

Bescheidenheit ist eine Zier. Wirkung auch

Wirklinge unterwegs

Hausfrauen und Arbeiter, Kinder und Großeltern begegnen uns als Wirkmenschen im Alltag. Sie setzen sich für die Lebensweise eines schönen neuen Lebens ein. Selbst dann, wenn Scheinwerfer nicht angestellt sind, erfüllen sie ihre Pflicht bescheiden-zurückhaltend. Kaum je sind ihre Namen bekannt. Auch Wirklinge wie P. W. aus K. oder R. U. aus Z. wirken im Hintergrund. Doch lesen Sie selbst.

Wirkling P. W. aus K. im Overall

Es darf schneien, so viel es will

Vier Uhr. Das Telefon klingelt. P. W. (47), Gemeindearbeiter aus K. seufzt leise, wie er sich aus dem Bett wälzt. Er braucht gar nicht aus dem Fenster zu schauen. Es hat die ganze Nacht über geschneit. Schwerer, nasser Schnee. Nicht einmal hoch, einige Zentimeter nur. Dennoch werden die meisten Straßen in der hügeligen Gemeinde unpassierbar sein. P. W. schlüpft in warme Kleider, legt seine gelbfarbene Weste an und steigt in die schweren Arbeitsschuhe.
Wenige Minuten später steht er in der Tiefgarage des Gemeindezentrums. Es herrscht schon viel Betrieb. Im grellen Neonlicht werden die Streufahrzeuge mit Salz beladen, die großen Schaufeln werden vor die Lastwagen montiert, Ketten rasseln über die schweren Räder. Kurz nach halb fünf geht's los. Und zwei Stunden später sitzt P. W. schon im Café »Zentrum« und sieht, wie »sein« Städtchen erwacht. 400 Tonnen Schnee hat er mit den gewaltigen Maschinen in kurzer Zeit bewegt. Straßen frei geräumt, Gehsteige gesplittet, Zugänge gesalzen. Er gehört zu einem gut eingespielten Team. Es hat aufgehört zu schneien. Die meisten seiner Kollegen holen zu Hause den verpassten Schlaf nach. P. W.

rührt in seinem Kaffee und blickt durch die große Scheibe auf den Hauptplatz. Der Arzt stürzt aus dem Haus, besteigt eilig sein Auto und verschwindet um die Ecke. Der Bäcker öffnet als Erster seinen Laden. Man glaubt, den Duft frischen Brotes über den Platz wehen zu riechen. Erste Pendler streben vorsichtigen Schrittes zur Station. Zwei Gymnasiasten bewerfen sich mit Schneebällen, bevor sie die Bahn in die nahe Kreisstadt besteigen. Die Polizei fährt ihre Streifenwagen vor. Der Platz füllt sich langsam mit Menschen, die zur Arbeit gehen oder fahren.

Vergnügt trinkt P. W. noch einen Schluck Kaffee. Heute Nacht darf es wieder schneien, so viel es will.

Wirkmensch P. W. freut sich sichtlich über das sichtbare Ich: Weggeräumter Schnee schafft Raum für das Wirkleben anderer. P. W. aus K., er möchte nur die Anfangsbuchstaben seines Namens preisgeben, muss sein sichtbares Wirkungs-Ich nicht an die große Glocke hängen. Sein Name sei unwichtig. Wichtig sei die Wirkung. Wichtig sei sein Beitrag für die schöne neue Wirkungsgesellschaft. Gelegentlich spricht er über diese Wirkungen mit seinen Angehörigen, Arbeitskollegen und auch den Nutznießern. Bescheidenheit ist eine Zier. Die markante Wirkleistung auch.

Wirkling R. U. aus Z. in Uniform

Herr U. fährt nur einen Quartierbus

Auf dem Dienstplan von Herrn R. U. aus Z. steht: Linie 41, Übernahme Fahrzeug 5.45 Uhr, Depot Gandert 2. Erster Kurs Hurdenholz–Richtstraße 6.02 Uhr. 14 Stationen. Herr U. fährt den Quartierbus seit vielen Jahren montags bis freitags von sechs bis zehn Uhr und von 16 bis 20 Uhr. Dann wird die Linie eingestellt. Die Ablöser von zehn bis zwölf Uhr und von zwölf bis 16 Uhr wechseln häufig. Die Linie 41 ist seine Linie.

Wenn er um sechs Uhr mit dem kleinen Bus im Hurdenholz um die Ecke biegt, ist Frau Soares schon da. Frau Soares arbeitet im städtischen Krankenheim in der Weid als Pflegerin. Seitdem ihr Mann das Bett nicht mehr aus eigener Kraft verlassen kann, geht sie morgens ungern aus dem Haus. Aber sie hat keine Wahl. Jemand muss das Geld verdienen. Und die Wohnungen im Hurdenholz sind günstig. Zum Glück gibt es den

Quartierbus. Bis zur Tram wäre es zu Fuß viel zu weit. Wenn Herr U. um die Ecke biegt, kreuzen sich ihre Blicke kurz, und Frau Soares fasst Mut für den neuen Tag.

An der Haltestelle Lieli steigt selten jemand zu, hier wurden große Flächen umgezont, und in wenigen Jahren soll hier eine große Überbauung stehen. Im Prospekt steht groß »Direkte Anbindung an den öffentlichen Verkehr«. Herr U. wird wohl noch auf einen Gelenkbus umsteigen müssen.

Felder steigt jeden Morgen um 7.20 Uhr beim »Schopf« ein. Er hat seine Stelle bei Imfeld schon seit März verloren. Felders Frau glaubt, er fahre zur Arbeit wie früher. Herr U. fährt ihn bis zur S-Bahn-Station, dort verschwindet Felder in der Stadt und sammelt Kraft, sich der Wirklichkeit zu stellen.

Schenkers sind schöne, elegante Menschen, erfolgreiche Anwälte, seit drei Jahren verheiratet und hatten sich im 41er kennen gelernt, als beide am selben Morgen ihren BMW nicht in Gang brachten. Sie steigen im Holderberg zu und tun so verliebt wie am ersten Tag.

Beim Altersheim »Wyslig« muss Herr U. regelmäßig aussteigen. Viele Pensionäre sind schon sehr wacklig auf den Füßen, und Herr U. muss sie stützen. Wenn dann einer eines Tages längere Zeit ausbleibt, weiß Herr U., dass sie ihn nicht mehr allein in die Stadt fahren lassen.

Am Mosacher steht manchmal eine krumme alte Frau. Wahrscheinlich lebt sie in dem kleinen Haus gleich hinter der Biegung. Sie winkt Herrn U. immer freundlich zu, wie einem alten Bekannten, steigt aber nie ein. Herr U. weiß nur etwas über die Leute, die zu ihm in den Bus steigen. Aber er winkt auch ihr immer freundlich zu.

Frau Degoulmois hat jeweils ihre liebe Mühe, ihre Erst- und Zweitklässler geordnet in den Bus einsteigen zu lassen. Aber Herr U. wartet jeweils geduldig an der Schulhausstraße und weiß, dass die Kleinen wieder einen spannenden Tag in der Stadt erleben werden.

An der Richtstraße gibt es einen kleinen Imbissstand. Frau Yusuf verkauft Döner, türkischen Kaffee und Kitsch. Ihr Mann spricht wenig. Seit sie ihren Sohn verloren haben, spricht er noch weniger. Und so sind die kleinen Pausen, die Herr U. dort nach jeder zweiten Runde einlegt, der regelmäßigste Austausch, den Frau Yusuf hat.

Wenn Herr U. den kleinen Quartierbus nach zehn im Depot Gandert 2 abgestellt hat und nach Hause fährt, hat er nie den Eindruck, er hätte besonders viel bewirkt …

Weder Privat-Ich
noch Arbeits-Ich

Wirkungs-Ich macht Karriere

Das volle Wirkungs-Ich

Privat- und Arbeitsleben: Frauen stehen für Kirche, Küche, Kinder. Männer stehen für Konkurrenz, Klienten, Kollegen. Auch diese gewohnte Teilung löst sich auf.

Die Manager werden wohl weiterhin ihr Pokerface am Arbeitsplatz aufsetzen und auf dem Weg in den Feierabend diese Anspannung abbauen. Aber die Arbeit fährt heute mit nach Hause. Manager rufen ihre Mailbox ab, während das Essen kocht, und schreiben E-Mails, während das Baby gerade schläft.

Die Frauen managen Haus, Haushalt, Hausgarten, Hausküche, Handwerker mit links. Im Geschäft leiten sie eine Abteilung. Auf dem Rückweg besuchen sie einen Kunden, holen beide Kinder ab und organisieren per Handy einen neuen Kundenkontakt.

Da ist immer weniger Trennung zwischen »Arbeits-Ich« und »Privat-Ich«. Wirkungskreise durchmischen und öffnen sich. Wir nehmen den Wirkungsmenschen für voll – alle Lebensfelder fließen in die Wirkungsbilanz eines Menschen ein.

Karriere ist definiert. Definitiv?

Wie definieren Sie den Begriff »Karriere«? Sprache lebt, und so kommt es, dass der Begriff »Karriere« gestern etwas anderes als heute bedeutete. Eingedenk dieses Wandels ist zumindest zu vermuten, dass die Menschen morgen abermals etwas anderes unter Karriere verstehen. Definitionen sind nie definitiv. Und das ist gut so.

Zwar ist das »Lexikon für Wirkmenschen« noch nicht geschrieben. Obschon es zugegebenermaßen überfällig wäre. Denn Wirkmenschen stehen, da machen wir uns nichts vor, mitten im Kampf um die Vorherrschaft in der Deutung der Wirklichkeit.

Was bedeutet Karriere?

Gestern

Schnellste Gangart des Pferdes

✧

Heute

Bedeutende, erfolgreiche, nicht selten rücksichtslose Laufbahn im Beruf. Meist versehen mit einer Titelsammlung von CEO bis Chairman.

✧

Morgen

Achtbare und messbare Wirkungen für sich selbst und andere. Bilanz sinnstiftender Lebenswirkwerte in verschiedenen Lebensbereichen.

Horcht Frauen, horcht

Hausmänner wirken als ...

Bibliothekar

Nachtwächter

Reiseveranstalter

Muezzin

Frühstücksdirektor

Kleinkindererzieher

Generalstabschef

Betriebspsychologe

Müllmann

Jugendhausbetreuer

Personalchef

Kammerjäger

Krankenpfleger

Mathematiklehrer

Magaziner

Transportminister

Betriebswirt

Gärtner

Klempner

Gärtner

Schwimmlehrer

Sprachlehrer

Kantinenbetreiber

Fourier

Karrierefrauenbetreuer

Möbelpacker

Reinigungsunternehmer

Sportlehrer

Programmdirektor

Logistikchef

Liebhaber

Wäschereibetreiber

Kaffeehauspächter

Tierarzt

Garagist

Finanzchef

Videogameprogrammierer

Steuerberater

Versicherungsexperte

Poststellenleiter

Pädagoge

Nachrichtenübermittler

Didaktiker

Seelsorger

Sekretär

Lagerhausmanager

Inneneinrichter

Gastgeber

Tierheimbetreiber

Facility-Manager

ährungsberater

Geschichtenerzähler

Samariter

… und könnten ihre Frauen erwürgen, wenn sie abends im Businesskostüm hereinschweben, den ganzen Tag nur in sinnlosen Sitzungen herumgesessen haben, sich »tooоodmüde« auf die Couch fallen lassen und mitleidig fragen:

**»Aber Schatz,
was hast duuu den ganzen Tag über
überhaupt gemacht?«**

Schwerreiche
und Habenichtse
willkommen

Lohn dem, der wirkt

Wirkmenschen vom CEO bis zum Tagelöhner

Lohn dem, der wirkt

In den Entschädigungsmodellen für Spitzenmanager bricht manchmal ein schäbiges Menschenbild durch: Der Spitzenjob wird fast nur an Geld geknüpft, während dem einfachen Mitarbeiter suggeriert wird, die Freude an der Arbeit sei entscheidend.

Bei den Topmanagern steht das persönliche Verdienen oft vor den unternehmerischen Verdiensten. Dabei entstehen finanzielle Ansprüche, die jeden Rahmen sprengen; wer durchschnittlich nur drei oder vier Jahre an der Spitze verweilt, sucht das Einkommen dieser Periode zu maximieren. Geld belastet körperlich nicht und kann deshalb in unbeschränkten Mengen gesammelt werden. Hier liegt eine wichtige Triebfeder persönlicher Raffgier.

Der Schwerreiche wirkt

Kann ein Mitarbeiter, der im Jahresrhythmus mit Strategieänderungen und Kosteneinsparungsprogrammen konfrontiert wird, dessen CEO 200-mal mehr verdient als er, dessen CEO mit einem goldenen Fallschirm ausgerüstet zusätzlich eine Abfindung kassiert, die er zeitlebens nie auch nur annähernd als Gesamtgehaltssumme erreichen kann, ein solidarischer Bannerträger sein? Der Menschenverstand sagt Nein. Und greift prompt wieder zu kurz. Warum? Der Menschenverstand moniert die Gehaltssumme. Und denkt nicht weiter, was sich damit bewirken lässt. **Im Grunde genommen können die Schwerreichen nicht genug verdienen. Entscheidend ist nur die Frage: Wozu setzen die Milliardäre und Millionäre ihr Geld ein?**

Geld ist Mittel zur Wirkung. Also ist nicht die Gehaltsmenge, und mag sie noch so riesig sein, das Problem. Die entscheidende Frage vom »Abzocker«, »Raubritter« oder »Schwerverdiener« zum Wirkmenschen lautet: Wozu setzen die Schwerreichen und Vielverdiener ihr Geld ein? Nur zur persönlichen Bereicherung oder zugunsten einer schönen neuen Wirkungsgesellschaft – für sich und andere? Sei es im Rampenlicht oder im Hintergrund. Sei es in Form von Arbeitsplätzen, Forschungs- und Entwicklungsarbeiten, Unterstützung sportlicher oder kultureller Aktivitäten und so weiter.
Die entscheidende Frage gilt übrigens auch für leicht reiche und wenig verdienende Menschen. Identifikation setzt eben Identität voraus. Oder etwas verständlicher: **Nur wenn Menschen, ob arm oder reich, bezeugen, wozu sie ihr Geld einsetzen, dürfen sie Anerkennung erwarten.** So gesehen wirken Habenichtse gleichwertig wie Schwerreiche – nur andersartig, wie das Beispiel Esal lehrt.

Der Tagelöhner Esal wirkt

Morgens um halb sieben steht er schon hinter dem Güterbahnhof. Dort, wo der Verkehr auf der Transitstraße vierspurig vorüberdonnert. Dort, wo die mehrachsigen schweren Lastwagen mit ihren Anhängern mühsam rückwärts manövrieren zu den Rampen. Dort wo die Behörde die einzige Sitzbank hat wegbringen lassen. Wegen der Obdachlosen. Und der Alkoholiker wegen oder weil dort auch schon mal ein Drogensüchtiger seine Spritzen ... Esal gehört nicht zu dieser Sorte Leute. Er kommt von weit her. Aus dem Osten. Von weit hinten dort, wo – wie es früher hieß – »die Völker aufeinander schlagen«. Darum begegnet man Menschen wie ihm mit Misstrauen. »Die sind ja alle gleich!« Dabei wirkt Esal gar nicht so. Er ist ein großer kräftiger Mann mit Händen, denen man ansieht, dass sie zupacken können. Um halb sieben ist schon viel Betrieb an dieser Ecke. Ali ist nicht allein. Fröstelnd wartet ein Dutzend anderer Männer auf die Leute, die Arbeit bringen sollen. Man sieht ihnen an, dass sie nicht von hier stammen. In kleinen Gruppen stehen sie beieinander, rauchen, erzählen sich immer dieselben Geschichten. Wenige verstehen die Sprache einer anderen Gruppe. Aber alle haben denselben Akzent, wenn sie die paar Brocken Deutsch, die sie kennen, hervorkramen. Ein Lieferwagen hält auf dem Gehsteig. Die anderen sind schneller: Drei von ihnen steigen in den Wagen, auf dem »Kadaververwertung« steht. Esal wartet weiter. Keiner von ihnen hat eine Arbeitsbewilligung. Oder eine Krankenversicherung. Oder sonst ein Papier, das ihm den Eintritt in die Arbeitswelt gewähren würde. Ein Kombi hält. Für zwölf Euro die Stunde Eisenträger verladen. Es dauert etwa bis Mittag. Dafür findet man keine Legalen. Esal steigt ein. Die **60 Euro,** die ihm der stämmige Mann am frühen Nachmittag in die Hand drückt, **sind alles, was Esal heute einnehmen wird.** 20 wird er seinem Bruder geben. Der hat eine vorläufige Arbeitsbewilligung und ein Zimmer. Dort kann Esal schlafen. 20 braucht er für Essen und Zigaretten. 20 gehen nach Hause. Mit 20 Euro können sie zu Hause zwei Wochen leben. Seitdem der Krieg aufgehört hat, geht es etwas leichter. Esal ist ein Wirkmensch, der sich nicht beklagt. Seine Neffen werden es einmal besser haben.

Vor einer
radikalen Wende

Geld macht Wirkungsdampf

Schnittstelle zum Kunden ist
Schnittstelle zum Geld

Schnittstelle zur Wirkung

Die Schnittstelle zur Kundschaft ist die Schnittstelle zum Geld, denn der einzige Geldgeber in der gesamten Wertschöpfungskette ist der zahlende Kunde.
Was kann, was muss geschehen, um Wirkungsdampf zu erzeugen?

Wirkmenschen werfen ihre Kaufkraft in die Waagschale – als Konsumenten im Supermarkt, als Investoren privat oder im Geschäft. Das kann aber nicht durch Gesetz oder Verordnung veranlasst werden, sondern aufgrund von Überzeugung und Sensibilisierung. Umso nachhaltiger ändern sich die Maßstäbe.

Wie investieren Wirklinge?

Übernehmen Investoren ein Unternehmen, engen sie ihren Blickwinkel häufig hastig und maßlos ein. Gewaltiges geschieht: Investoren geben dem Management vor, das Unternehmen rasch wachsen zu lassen, auf jeden Fall schneller als der wichtigste Wettbewerber. Gemessen wird das Vorwärtskommen an der Ertragskraft, der Wachstumsrate, an den Marktanteilen, der Präsenz in den drei interkontinentalen Polen Europa, Amerika und Asien sowie schließlich am Tempo. Wirkmenschen sind realistisch genug: Natürlich gelten die Kennziffern EBITDA, EBIT und wie sie alle heißen, auch in der neuen Wirkungsgesellschaft. Das ist gut so. Einige Unternehmen führen bereits Umwelt- und Sozialbilanzen. Meist als Feigenblatt. Meist rechtfertigend. Das reicht nicht. Eingefordert werden Kennzahlenreihen für Wirkungsreihen: Was bewirkt das Unternehmen Coca-Cola mit seinem Produkt emotional, gesundheitlich, sportlich, volkswirtschaftlich, umweltpolitisch, psychisch, mental? Da stehen wir erst am Anfang. Was bewirkt das Unternehmen Volvo mit seinen Produkten? Mehr Sicherheit im Verkehr, weniger Unfalltote als andere Autohersteller? Diese Wirkung wiederum bewirkt: Steuervergünstigung durch den Staat, Nachfragesteigerung durch Kunden und so weiter.

Für Investoren wird zur wichtigsten Kenngröße die Qualität und Quantität der Wirkungen von Führungspersonen, ihre Fähigkeit, mit den klassischen Produktionsfaktoren Arbeit, Boden, Kapital und Wissen nicht nur die besten Ertragsgewinne, sondern die besten Wirkungen zu erzeugen. Das Wirk-Reporting der Unternehmen muss erst entwickelt und geschrieben werden.

Vor einer radikalen Wende

Wie kaufen Wirkmenschen?

Gut gemeint ist ja bloß das Gegenteil von gekonnt, und für gute Absichten kann man sich nichts kaufen. Allein deshalb entscheiden sich Konsumenten für eine radikale Wende.

Konsumieren 2020 ist edel, schön, gut, wenn Wirkmenschen jene unterstützen (können), die ihren Wirkungszielen entsprechen.

Bislang begnügten sich Konsumentinnen und Konsumenten, zusammen mit einer Marke ein Gefühl (»Life-style«) oder eine Zugehörigkeit (»Statussymbol«) einzukaufen – mit Marlboro etwas Abenteuer oder mit einer Rolex-Uhr etwas gehobene Schicht. Das ist vorbei: Noch nie war das Überangebot an Waren und Dienstleistungen, an Märkten und Marken so groß wie heute. Noch nie erlebten die Menschen Konsum so langweilig, so lustlos.

Konsumenten der neuen Wirkgeneration definieren lustvoll-wirkungsvolles Einkaufen neu: Wirkmenschen kaufen Marken nur, wenn der Markenkern für nachweisbare, sichtbare, messbare und achtbare Wirkungen steht. Nehmen wir den Kauf eines Schuhs als Beispiel:

1. Qualität (zum Beispiel: Vor dem Verkauf ist der Schuh durch 80 Hände gegangen: Die 40 Personen sind namentlich bekannt und auf einem Blatt mit Post-, Telefon-, E-Mail-Adresse aufgelistet.)
2. Ökonomie (zum Beispiel: Das Schuhandelsgeschäft zahlt der Verkäuferin ein überdurchschnittliches Gehalt, fünf Prozent mehr als im Gesamtarbeitsvertrag geregelt.)
3. Ökologie (zum Beispiel: Die Chemikalien für die Herstellung des Schuhs werden umweltgerecht entsorgt.)
4. Ethik (zum Beispiel: keine Kinderarbeit.)
5. Hygiene (zum Beispiel: Die Näherinnen und Näher des Schuhleders arbeiten in trockenen Räumen mit Tageslicht.)
6. Weitere Kriterien der Wirkmenschen (»Jeder nach seinen Wirkungen«)

Wirkmenschen kaufen Markenprodukte mit einem maßgeschneiderten Wirkungskern. Im Konsumverhalten zeichnet sich eine radikale Wende ab. Konsumenten fragen sich heute: Was bringt mir der Kauf eines Produkts? Was nützt mir das Produkt? Welchen Nutzen ziehe ich aus dem Kauf?

Ganz anders die Wirkmenschen im Hinblick auf das schöne neue Leben 2020. Konsumenten der neuen Wirkgeneration fragen vor dem Kauf: Welchen Nutzen stifte ich mit dem Kauf eines Schuhs für mich und andere? Was bewirke ich mit dem Kauf des Produkts? Wem nützt der Kauf? Hand aufs Herz: Wie viele Marken bestehen den Test? Wenige! Denn nicht Bekanntheit, nicht Awards, nicht Coolness, Grove oder Hype machen eine Marke zu barem Geld. Die einzig wichtige Frage lautet: Ist der Kunde tatsächlich bereit, für Wirkungen, die der Kunde mit der Marke eines Produkts oder einer Dienstleistung verlässlich verbindet, mehr zu bezahlen? Zieht er diese Marke vor, wenn ein vergleichbares Produkt denselben Preis hat? So gesehen ist jede Kaufentscheidung eine Richtungswahl respektive eine Wirkungswahl.

Kaufentscheidung: Die radikale Wende

Wie Konsumenten heute einkaufen	Wie Wirkmenschen 2020 einkaufen
Wie wirkt das Produkt auf mich?	Was bewirke ich mit dem Kauf eines Produkts für mich und andere?
Welchen Nutzen ziehe ich aus dem Produkt?	Welchen Nutzen stifte ich mit dem Kauf des Produkts für mich und andere?
Welche Marke verspricht mir etwas Zugehörigkeitsgefühl?	Mit welcher Marke erzeuge ich die achtbaren, sinnstiftenden, sichtbaren und messbaren Wirkungen für mich und andere?

Eine neue Qualität der Kommunikation

Wirkung statt Werbung

Solche Warnungen haben wir schon:

»Dies ist ein Heilmittel.
Lesen Sie die Packungsbeilage oder
fragen Sie Ihren Arzt oder Apotheker!«

Oder:

»Rauchen gefährdet Ihre Gesundheit!«

Und wenn wir nicht aufpassen, lesen wir demnächst:

»Autofahren kann zu Kollisionen führen.«
(Porsche-Inserat)

Oder:

»Zucker gefährdet Ihre Zahngesundheit.«
(Haribo-Gummibärchen)

Von solchen Warnhinweisen ist es nur ein kleiner Schritt zu Werbeverboten. Die sind in letzter Zeit mächtig in Mode gekommen. In letzter Konsequenz sind Werbeverbote menschenverachtend und bürgerfeindlich. Die staatliche Bürokratie sagt uns damit: Wir können zwar den Gebrauch von Genussmitteln nicht verhindern, aber wir trauen euch, Bürgerschaft, nicht zu, dass ihr euch über das vorhandene Angebot ein Bild verschafft und dann eine Auswahl trefft. Wir wollen euch gängeln und schikanieren, wo wir können, denn ihr seid nicht in der Lage, euer eigenes Leben zu organisieren, den Gebrauch legaler Drogen inbegriffen. Und der gleiche Staat, der die Tabak- und Alkoholwerbung verbieten will, ist drauf und dran, unter dem Druck der Straße den Haschischkonsum freizugeben. Es lebe die Konsequenz!

Die neue Wirkgeneration fordert Wirkungsnachweise statt Werbeverbote, fordert verlässliche Information über Wirkungen, fordert eine qualifizierte Kommunikation der Unternehmen. Zum einen nicht einseitig nur Warnung, Gefahren, Verbote. Zum anderen nicht einseitig nur Werbung, Schönreden, Schalmeienklänge. Ein neues stilvolles Einkaufserlebnis fordert mehr. Stil enthält mehr als Farben und Formen. Entschieden mehr.

> Qualifizierte Kommunikation bedeutet, dass die Unternehmen die achtbaren, sinnstiftenden, sichtbaren und messbaren Wirkungen, die ich als Kunde mit dem Kauf einer Dienstleistung oder eines Produkts erzeuge, für mich und andere offen legen: qualitativ, ökonomisch, ökologisch, ethisch, technologisch, hygienisch und so weiter. Das ist offensiv und differenziert. Hat Stil. Und wirkt.

Die heiße Frage zum kühlen Getränk

Welches ist das beste Bier?

Unsere Zeit scheint so versessen: Nur das Beste ist uns gut genug. Das beste Auto, das beste Hotel, das beste Menü, das beste … Menschen rennen stets dem Besten nach. Kunden verlangen ohnehin das Beste. So weit, so gut. Nur: Was ist konkret das Beste?

Machen wir die Probe aufs Bier: Welches ist das beste deutsche Bier? Erich Dederichs vom Deutschen Brauer Bund e. V. in Bonn (**www.deutsches-bier.net**) schmunzelt: »Die Suche nach dem besten deutschen Bier ist relativ einfach: Zumindest für deutsche Konsumenten ist das beste Bier ›Freibier‹. Das ist das Bier, zu dem man eingeladen wird und das man deshalb auch nicht bezahlen muss.«

Nun aber ernsthaft: Erich Dederichs von der deutschen Brauwirtschaft glaubt nicht, dass es möglich ist, das beste deutsche Bier herauszufinden, vor allen Dingen nicht unter rund 5000 verschiedenen Bieren, die es in Deutschland gibt. Selbst beim besten Pils oder Alt oder Weizen oder Kölsch wird es schon schwierig, vor allem weil es keine allgemein anerkannten Kriterien gibt.

Was nützt es zum Beispiel, bestimmte Analysewerte vorzugeben, die ein Bier vielleicht alle zu 100 Prozent erfüllt – aber es schmeckt trotzdem nicht. Gibt es ein Kriterium, um das beste schweizerische oder österreichische, belgische oder englische Bier herauszufinden? Wenn ein Bier im Wettbewerb der Deutschen Landwirtschaftlichen Gesellschaft gemeinsam mit zehn anderen Bieren eine Goldmedaille erhält, gehört es dann schon zu den besten deutschen Bieren, obwohl sich vielleicht nur zehn Prozent der deutschen Biermarken diesem Wettbewerb stellen? Wenn zum Beispiel Zunft-Kölsch beim World Beer Cup der Association of Brewers die Goldmedaille in der Kategorie Kölsch erhält, ist es dann das beste deutsche Kölsch, obwohl von 25 Marken sich nur drei beteiligt haben?

Jedes Ranking hat eine unglaubliche subjektive Komponente. Und offen gesagt: Genau diese subjektive Komponente macht für Wirkmenschen den Reiz der Ranglisten aus.

Jeder einzelne Wirkmensch kürt (s)ein Bier zum besten Bier. Nicht so sehr in berauschenden Promillen gemessen. Sondern gemessen an der Wirkung, die der einzelne Wirkmensch mit dem Kauf und Genuss (s)eines Bieres für sich und andere erzeugt.

Für den einen Wirkmenschen ist matchentscheidend, dass er mit jeder Flasche Bier via Brauerei-Sponsoring seinen Lieblingsverein unterstützt. Für einen anderen ist es die Arbeitsplatzsicherheit der Verkäuferin im Laden der Brauerei. Doch aufgepasst: Wirkmenschen wischen sich nicht den Bierschaum vom Bart und geben sich mit einem »Gut hat's geschmeckt« zufrieden. Zur schönen neuen Wirkungsgesellschaft gehört qualifizierte Kommunikation, die konkret zeigt, was der Kunde mit jedem Kasten, jeder Flasche, jedem Schluck Bier wirklich bewirkt – an Arbeitsplätzen, an Ausbildungsplätzen, an Ertrag, an Sicherung des Standortes, an Lohnsumme, an Innovation, an ... Da wartet noch ein gerüttelt Maß Arbeit für die Unternehmen, nicht wahr, lieber Herr Dederichs?

Bildet aus. Wirkt durch und durch

Die Skilehrerin Nadine in Kitzbühl führt sieben kleine Kinder in die Geheimnisse des Skilaufens ein. Sie versuchen sich an der »Pizza«. Die essen die Kinder nicht. Die Kids fahren die »Pizza«. Nadine nennt den Stemmbogen »Pizza«: Vorne berühren sich die Skispitzen, hinten sind die Skier auseinander gespreizt. Die Kinder finden's lässig. Und schon kurven sie den Hügel hinunter.

Die Skilehrerin bildet aus. Das ist nur das eine Wenige. Das andere Entscheidende ist, dass sie durch und durch wirkt. Nadine bewirkt Nachfrage nach Dienstleistungen rund um den Ski:

- ✔ Skibekleidung. Mal Overall, mal Jacken und Hosen
- ✔ Skiunterwäsche. Mal aus reiner Baumwolle, mal atmungsaktiv mit Kunstfasermischungen
- ✔ Skisocken aus Wolle. Mal geruchsneutral, mal mit großen Strickmustern
- ✔ Skihandschuhe. Mal Fingerhandschuhe, mal Fausthandschuhe
- ✔ Skischuhe. Mal mit Innenschuh, mal ohne Innenschuh

- ✔ Skistöcke. Mal mit, mal ohne Graphit
- ✔ Skibindungen. Mal mit Platten, mal ohne Platten
- ✔ Skibrillen. Mal mit Doppel-, mal mit Dreifachscheiben
- ✔ Sportbrillen. Mal fürs Après-Ski, mal gegen die UV-Strahlung
- ✔ Sonnenschutz. Mal in dünner Höhenluft, mal für die Lippen
- ✔ Skiservice. Mal für den Belag, mal für die Skikanten
- ✔ Skiwachs. Mal für die Gleitfähigkeit, mal für das Fahrvergnügen
- ✔ Skilift und Bergbahnen. Mal für die Tageskarte, mal für die Wochenkarte
- ✔ Usw.

Wohlverstanden bewirkt Nadine diese Nachfrage, solange die sieben kleinen Knirpse leben. Berechtigt ist die Frage nach Nadines Wirkwert: Sie verdient pro Ausbildungsstunde 30 Euro.

In Tat und Wahrheit, gemessen an der Wirkung und am Wirkungswirken in Form lebenslanger Nachfrage nach Dienstleistungen rund um den Ski, zählt Nadines Wirkungwert mehr als das Doppelte, ja das Zehnfache in Euro.

Skilehrer und andere Dienstleister, wacht auf, wirkt weiter, definiert den Lebenswirkwert an Zahl und Ziffer und darüber hinaus.

Wir können nicht
nicht wirken

Wirkmenschen beginnen, wo andere aufhören

Ob Gewinner oder Verlierer:

Jeder ist ein Wirkmensch

Die Modernisierung von Wirtschaft, Gesellschaft und Kultur hat ihre Konsequenzen, nämlich eine radikale Veränderung unserer Arbeits- und Lebenswelt. Es gibt hierbei Gewinne und Gewinner, aber es gibt auch Verluste und Verlierer. Von beidem ist zu sprechen, statt immer nur von einem oder vom anderen.

Es gibt die vielen neuen Arbeits-, Verdienst- und Aufstiegsmöglichkeiten für Wissens- und Führungsarbeiter in Berufen mit hoher Wertschöpfung. Es braucht auch eine wieder stärkere Belohnung der Begabten, Leistungs- und Führungsbereiten. Aber es gibt auch die wachsende Zahl von schlecht bezahlten »McJobs«, und es gibt den zunehmenden Qualifikations- und Konkurrenzdruck, die schleichende Durchmischung von Arbeitszeit und Freizeit zur Leistungsfreizeit. Gesellschaftlich offen sind einerseits die gegenüber früher vervielfachten Spielräume für eine selbstbestimmte Lebensführung. Real ist aber auch der Zwang dazu: Wer es in der heute stark ausgeweiteten Kampfzone des Ringens um Bedeutung und Beachtung nicht selbst schafft, jemand zu sein, der ist – schärfer als früher – scheinbar ein Niemand. Scheinbar. Denn die Gratwanderung zwischen Gewinner und Verlierer ist verdammt schmal. In diesen bewegten und brüchigen Zeiten erleben mehr und mehr Menschen die Wechselbäder, mal zu den Verlierern, mal zu den Gewinnern zu gehören. Gewinner heben nur allzu gerne ab, entledigen sich dadurch den alltäglichen Sorgen. Auch Verlierer möchten sich dem Alltag entziehen und flüchtend-flüchtig träumen können. Beide tun gut daran, sich eines Grundsatzes zu erinnern:

Wir können nicht nicht wirken.
Jede® ist ein Wirkmensch.

Ob Gewinner oder Verlierer, ob arm oder reich, ob oben oder unten, in einem sind wir gleich: Wir können nicht nicht wirken.

Selbst wenn Menschen nichts tun, wirken sie. Der Vermögende, der sein Geld hortet und möglichst nicht antastet, in Form von rückläufigen Investitionsraten und Schrumpfung von Arbeitsstellen. Wer Geld im Sparstrumpf bis zum bitteren Lebensende hortet, gehört in einer Wirkungsgesellschaft an den Pranger gestellt. Das muss gesagt sein.

Ebenso der Faulpelz, der sich durchs Leben mogelt und am liebsten in der Sonne aalt, durch rückläufige Einnahmen, abnehmende Wertschöpfung, mangelnde Kaufkraft, eingeschränkte Unabhängigkeit. Und nicht nur das: Ein wachsendes Heer von Sozialhilfeempfängern schröpft die Lohnabhängigen. Auch das muss gesagt sein.

Wirken durch Nichtstun

Am 1. Dezember 1955 beendete in Montgomery, Alabama, eine schwarze Frau ihre Arbeit und bestieg den Bus, um nach Hause zu fahren. Diese Busfahrt sollte zu einem der massivsten Umbrüche in der amerikanischen Kultur führen. Als der Bus immer voller wurde, wurde Frau Parks aufgefordert, ihren Sitzplatz für einen weißen Fahrgast frei zu machen. Die Angestellte war weder müder als an sonst einem Arbeitstag, sie hatte keine Beschwerden und auch nicht die Absicht, eine politische Demonstration durchzuführen: »Ich bin in diesen Bus gestiegen, um nach Hause zu fahren, nicht um verhaftet zu werden!«, sagte sie später in einem Interview.

Die Rassentrennungsgesetze speziell im Süden der USA waren kompliziert und für die farbige Bevölkerung schikanös. Die Leute mussten zum Beispiel das Ticket vorne beim Buschauffeur lösen, dann wieder aussteigen, um denselben Bus durch die Hintertür wieder zu betreten. Oft machten sich die weißen Buschauffeure einen Spaß daraus, die Türen vor den Nasen der erbosten Schwarzen von innen zu verriegeln und davonzufahren, sodass sie beim nächsten Bus ein neues Ticket lösen mussten. Schwarze durften nur hinten im Bus Platz nehmen und auch nur dann, wenn nicht Weiße Anspruch auf die Sitze erhoben. Verschärft wurde diese Ungerechtigkeit durch die Tatsache, dass mehr als zwei Drittel der Passagiere dunkler Hautfarbe waren.

Frau Parks weigerte sich, ihren Platz frei zu geben, und wurde wegen Verstoßes gegen die Rassentrennungsbestimmungen sofort festgenommen. Diese Festnahme und der nachfolgende Prozess lösten zuerst einen lokalen Busstreik, Massenproteste und einen landesweiten Aufstand gegen die Rassen diskriminierende Politik der weißen Mehrheit aus. Martin Luther King wurde durch diesen Vorfall zum Führer der schwarzen Bürgerrechtsbewegung. In den nächsten Jahren schafften es die Bürgerrechtsaktivisten, diese menschenunwürdige Situation zumindest aus dem Gesetz zu tilgen. Heute hat Amerika einen schwarzen Außenminister, und als eine der aussichtsreichsten Präsidentschaftskanditatinnen für 2008 gilt die schwarze Präsidentenberaterin Condoleezza Rice. Manchmal hat auch »Nichtstun« eine unglaubliche Wirkung.

Wirkzusatz

Wenn der Arzt
den Patienten über die Nebenwirkungen *nicht* informiert, dann wirkt der Arzt auf sich, den Patienten und andere …

Wenn die Großmutter
die Enkelkinder *nicht* zum Geburtstagsfest einlädt, dann wirkt sie auf sich, die Enkelkinder und andere …

Wenn die Leiterin der internen Revision
den Präsidenten des Verwaltungsrats über die Aktennotiz des Länderchefs in China *nicht* einweiht, dann wirkt sie auf sich, den Präsidenten und andere …

Wenn die fromm ins Gebet versunkene Ordensschwester ihren Blick zum Himmel richtet, zugleich das Mittagessen vorbereitet und dabei die Schnecken im Salat *nicht* sieht, dann wirkt sie auf sich, die Äbtissin und andere …

Wenn der Malermeister
mit der Architektin *nicht* telefoniert, dann wirkt er auf sich, die Architektin und andere …

Wenn der Polizist
die Parkbuße *nicht* erteilt, dann wirkt er auf sich, den Parksünder und andere …

Wenn der Steuerkommissär
den Steuerabzug nicht gewährt, wirkt er auf sich, den Steuerzahler und andere …

Wenn der Trainer
den Mittelstürmer, der seit drei Spielen nicht mehr getroffen hat, *nicht* aus dem Spielt nimmt, dann wirkt er auf sich, den Mittelstürmer und andere …

Wirkmenschen durchdringen Wirklichkeit

Diese eine Geschichte zur Wirklichkeit von Wirkungschancen dürfen Sie nicht verpassen: Drei Frösche sind in die Milch gefallen: ein Optimist, ein Pessimist, ein Realist. Beide – der Optimist und der Pessimist – gingen unter. Warum?

Der optimistische Frosch
in der Milch tat nichts, weil er dachte, es gehe sowieso gut. Merke: Optimistisches Wirkdenken führt zu schlechtem Ausgang.

Der pessimistische Frosch
in der Milch tat nichts, weil er dachte, es gehe sowieso schlecht. Merke: Pessimistisches Wirkdenken führt ebenfalls zu schlechtem Ausgang.

Nur der realistische Frosch sagte:
Ein Frosch in der Milch kann strampeln. Also strampelte er. Plötzlich war Butter unter seinen Füßen. Und er sprang aus dem Eimer.

Hier endet die Geschichte, die Carl Friedrich von Weizsäcker so gerne erzählte. Wortfrösche würden der ganzen Welt verkünden: »Mann, hab ich mich abgestrampelt.« Tatfrösche würden rapportieren: »In nur einer Minute habe ich beide Beine 100-mal bewegt.« Nicht so Wirkfrösche. Wirkfrösche enden weder beim Verkünden noch beim Strampeln. Wo andere aufhören, beginnen Wirkfrösche Wirkungsgeschichte zu schreiben.

Zum Beispiel so:
Der realistische Frosch hüpfte von dannen, gründete ein Unternehmen, welches Butter herstellt. Frösche entdeckten Butter als Nahrungsmittel. Der Realo-Frosch schuf Arbeitsplätze: Mittlerweile stellen im Froschenland 1000 Frösche Butter her. Wirkfrösche stiften Nutzen für Froschland.

Oder auch so:
Ein Froschkind fand den Eimer mit der Butter. Mit funkelnden Augen rannte es zur Mutter. Diese backte mit der Butter einen Schokoladenkuchen. Das Kind feierte den Geburtstag mit glänzenden Augen wie nie zuvor. An der Geburtstagsfeier vergnügten sich 15 Froschkinder. Fröhlich quakten sie »Happy birthday to you« im Chor. Der strampelnde Wirkfrosch ermöglichte der Froschkinderschar ein wunderbares Erlebnis.

Oder auch anders:
Vielleicht finden Sie für den realistischen Frosch eine Wirkungsgeschichte, die Ihnen gefällt.

Die Moral von der Geschichte: Nur wer wirklichkeitsnah seine Möglichkeiten erkennt und sich mit allen Mitteln einsetzt, durchdringt die Wirklichkeit nutzenstiftend und erzielt damit die besten Wirkungen. Worte reichen nicht. Taten auch nicht. Wirkungen erst machen aus dem Lebenswunder – der realistische Frosch hat überlebt – ein Wunderleben, eine Wirk-Erfolgsgeschichte, sei es mit dem Schaffen von Arbeitsplätzen oder den leuchtenden Kinderaugen.

Wer sich nicht allzu störrisch zu dem verhält, was die anderen ihm an Möglichkeiten, etwas Sinnvolles zu bewirken, zuwerfen, hat gute Aussicht, kein Grämling zu werden. Natürlich geht man bei einer solchen Einstellung von der Annahme aus, wir Menschen hätten mit dem Leben Besseres vor, als Kriege und Kämpfe zu führen. Das Leben ist zu schön, als dass die anderen es einem vermiesen wollten.

Dreißig Speichen enden in einer Nabe;
doch erst das Loch in der Nabe
wirkt des Rades Brauchbarkeit.

Die Wirksamkeit des Unsichtbaren im Sichtbaren –
Sprichwort aus China

Wer wirkt bis zur Kassiererin?

Gewaltiges steckt hinter einer Handbewegung

Melkerin, Käserin, Fischerin, Reisbäuerin, Zigarrendreherin, Schlachterin, Schneiderin, Gewürzhändlerin, Abfüllanlagenbetreiberin, Nüsseschälerin, Früchtepflückerin, Hairstylistin, Putzexpertin, Dosenverschweißerin, Kaffeemahlerin, Teesieberin, Eierschälerin, Charcuterietranchiererin, Gemüsebäuerin, Brotbäckerin, Konditorin, Süßwarenverpackerin, Fonduemischerin, Fruchtgeleeabfüllerin, Kuchenbäckerin, Teigwarenfabrikantin, Zuckerrübenraffiniererin, Staubsaugervertreterin, Hundenapfausmesserin, Tofukocherin, Ketchupabfüllerin, Kosmetikerin, Pfannendecklerin, Küchenutensilienspezialistin, Serviettenfalterin, Papiernachfüllerin, Krebsschwanzschälerin, Pastetenfüllerin, Zahnpastentubistin, Pralinenumhüllerin, Sockenspannerin, Steckdosenverteilerin, Haartrocknerersatzteilverwalterin, Biskuitbodenbefeuchterin, Aktionsumetikettiererin … und all das an der Kasse mit einer einzigen Handbewegung von rechts nach links und der existenziellen Frage:

»Haben Sie die Cumulus-Karte*?«

---

* Die Frage, die in der Schweiz am häufigsten zu hören ist. Cumulus ist die Kundenkarte der Migros, einem Großverteiler in der Schweiz.

Die Kassiererin stellt fest: »Ich bin auch eine Biskuitbodenbefeuchterin.« Die Pralinenumhüllerin stellt fest: »Ich bin auch eine Kassiererin.« Und alle stellen sie fest: Wir sind Teil einer gewaltigen Wirkungskette. Wir sind Wirkende ohne Wirk-ENDE. Das gilt auch für die Handbewegung der Kassiererin.

Wirkende ohne Wirk-ENDE

Das Leben der Wirkmenschen ergibt sich als Wirkungskette, Wirkungsfluss, Wirkungsabfolge, Wirkungsgeschehen, Wirkungsreihe, Wirkungsablauf, Wirkungskreislauf. Deshalb stoßen Wirkende auf kein Wirk-ENDE. Es geht weiter. So bewegend ist das Leben der Wirkmenschen.

Oft haben selbst Wirkmenschen nur gerade eine Wirkebene oder ein Wirkziel im Kopf. Logisch: Auf das Wirkungsergebnis kommt's an. Der umsichtige Wirkmensch denkt jedoch auch an die unbeabsichtigten Nebenfolgen seiner Wirksamkeit und bezieht sie verantwortungsvoll in seine Entscheidungen mit ein. Umsicht, Rücksicht und Weitsicht zeichnen den Wirkmenschen aus.

Zusammenhänge gibt's

Vor Wirkung gibt es kein Entrinnen

Die besten Wirkungsgeschichten schreibt der Alltag unbeabsichtigt und rein zufällig. Diesmal trifft es Erwin Linder, der, wie zu zeigen beabsichtigt, nicht nicht wirken kann.

Erwin Linder, der bescheiden in einer Zweizimmerwohnung wohnt, gewann die Million im Lotto nur, weil er, der doch sonst nie Lotto spielte, genau an diesem Tag mal einen Schein ausgefüllt hatte, da er die Lottoscheine seines erkrankten Nachbarn einreichte, der das Bett hüten musste, da er sich bei einem Segeltörn ganz fürchterlich verkühlt hatte, was ja auch kein Wunder war bei der Bekleidung, die er trotz Warnungen seiner in solchen Dingen immer sehr vorausschauend argumentierenden Ehefrau an diesem nasskalten Frühherbsttag für seinen sportlichen Ausflug gewählt hatte, da sie sich aus nichtigem Anlass seit Tagen beschwiegen hatten und er sich keinesfalls die Blöße geben wollte, ausgerechnet jetzt in irgendeiner Frage nachgegeben zu haben, was er sich schon allein seinen Kollegen gegenüber nicht leisten wollte, denen er ja immer vormachte, er allein hätte das Heft in der Hand zu Hause, wenigstens den meisten von ihnen gegenüber, speziell auch gegenüber Klaus, den er immer noch im Verdacht hatte, er hätte mal etwas mit Helga gehabt, bevor sie sich kennen gelernt hatten, weswegen sie ja vor acht Jahren hierher gezogen waren und dann schon ziemlich erstaunt waren, als Klaus nur Wochen später im selben Kaff auftauchte und behauptete, er hätte rein zufällig einen Job in der örtlichen Klempnerei bekommen, sich aber Helga in all der Zeit nie in spürbarer Weise genähert hatte, da er sich nichts mehr traut seit jenem diesem grässlichen Zwischenfall, bei dem vor über 16 Jahren eine österreichische Gelegenheitsprostituierte in jenem Abbruchhaus im Westquartier ums Leben kam, obwohl die Behörden diesen Schandfleck ja längst hätten abreißen wollen, sodass die angetrunkenen Jugendlichen ihn ja auch nicht als geheimen Treffpunkt hätten nutzen können und es danach ja auch kaum zu dem bekannten Skandal gekommen wäre, der dann die gesamte Stadtregierung und den Bürgermeister Posten und Reputation kostete, denn der Stadtingenieur hatte die Abrissverfügung ja bereits ausgestellt gehabt und wollte sie dem Bürgermeister zur Unterschrift vorlegen, bevor sie in einem Stapel Akten vergessen ging, dies war aber nicht möglich, da die Frau des Bürgermeisters im Büro ihres Gatten ihren Schal vergessen hatte, den ihr dieser ihr nacheilend bringen wollte, bevor sie Pudel »Wuffi« eilends zum Hundecoiffeur transportierte, der nur gerade an jenem verhängnisvollen Tag eine Aktion »Haarefärben« ausgeschrieben hatte, die er auf Anregung eines bekannten Tierpflegeproduktehorstellers veranstaltete, dessen Marketingabteilung diese Aktion ins Leben rief, da die Firma trotz bester Produktqualität in immer größere Schwierigkeiten geraten war, da sich ihr schärfster Konkurrent mit einer Preisdumpingpolitik immer mehr Marktanteile holte, was den geizigen Mehrheitsaktionär zu erhöhtem Druck auf die Geschäftsleitung bewogen hatte, bei gleichem Budget mehr zur Umsatzsteigerung zu unternehmen, denn nun hatte er freie Bahn, seine Gewinnmaximierungsideen umzusetzen, hatte er seinen Bruder am selben Morgen ja mit anwaltlicher Hilfe erfolgreich um die jenem zustehenden Firmenanteile geprellt, und dieser Bruder hieß Erwin Linder. Zusammenhänge gibt's!

Das gibt's nur eins: Lassen Sie sich Wirkungszusammenhänge in Ihrem Leben nicht entgehen. Wirkmenschen erhellen Wirkungsreihen und -kreisläufe, spüren die Wirkung der Wirkung der Wirkung auf und erleben, wie schön und neu das Leben urplötzlich sein kann. Erwin Linder wappnet sich mit der Erkenntnis: »Analog zu Zinsen und Zinseszinsen gibt es im Leben so etwas wie Wirkung und Wirkungswirken. Künftig rechne ich damit.«

Intermezzo

Lieber Herrgott, hast Du Dich vergriffen?

In einem Wort

Irdisches Glück in einem himmlischen Stück

Nicht vorenthalten möchte ich Ihnen ein Intermezzo in vier Akten.

Es handelt sich um eine erfundene Geschichte mit wirklichem Ausgang. Das Theater spielt in vier Akten an drei Orten:

1. Akt:	Vorspiel	Auf Erden
2. Akt:	Göttliche Komödie	An der Himmelspforte
3. Akt:	Kirchliche Komödie	Zurück auf Erden
4. Akt:	Menschliche Komödie	Aus dem Vatikan

Zur w(h)eiteren Erzählung freigegeben und empfohlen.

1. Akt: Auf Erden.

Vielleicht haben Sie schon lange nicht mehr in der Bibel gelesen. Vielleicht lesen Sie auch täglich darin. Das ist gar nicht so entscheidend.

Vertrauensvoll wende ich mich an Sie und eröffne Ihnen ein gut gehütetes Geheimnis: Ein Bibelwort lässt mich zeitlebens nicht mehr los. Offen gestehe ich, dass dieses einzige Bibelwort mir wie *ein* Schlüssel für eine schöne neue Wirkungsgesellschaft 2020 vorkommen will.

Jetzt will ich es genauer wissen von einem, der es wissen muss: dem lieben Gott, seines Zeichens immerhin Urheber dieser Worte. Die Stunde naht. Gewiss gelingt es mit Ihrem Beistand, allen Mut zu fassen und alle Kraft zu sammeln, um mich auf den Weg zum Herrn der Schöpfung zu begeben.

2. Akt: Beim lieben Gott. An der Himmelspforte.

Schüchtern klopfe ich an die Himmelspforte. Du Allmächtiger! Schon thront ER vor mir. Ich soll auf alle Zeit zu Dir kommen? Nein, nein, ich bin mir nicht so sicher, ob ich diese göttliche Einladung auch wirklich verdient habe. Und überdies gefällt es mir als Erdenbürger zu gut, um jetzt schon ins Himmelreich einzutreten.

ER schweigt zwei, drei Sekunden. Für mich reißt sich eine halbe Ewigkeit auf. Du trägst die Bibel in Händen?, wundert sich der Schöpfer. Liest denn auf Erden noch jemand die Bibel? Ohne Umschweife erhasple ich mich in einer rührseligen Antwort: Das wird Dich freuen; auf Erden ist die Bibel das auflagestärkste Buch aller Bücher. – Nun gut, mein Sohn, Auflagezahlen bedeuten mir wenig. Aus himmlischer Sicht will mir scheinen, dass die Bibel auf Erden – mag sein – gekauft, jedoch kaum gelesen, weniger noch verstanden und am seltensten befolgt wird.

Doch welches Anliegen, erkundigt sich der Schöpfer, führt dich zu mir ? – Hastig blättere ich in der Bibel, die fragliche Stelle Matthäus 7,16 suchend. Schau, lieber Herrgott, in der Bibel lese ich Dein Wort: »Hütet euch vor den falschen Propheten! Sie sehen zwar aus wie Schafe, die zur Herde gehören, in Wirklichkeit ...« – der liebe Gott lächelt geduldig und führt seine Bibelworte auswendig und ehrwürdig fort – »... sind sie Wölfe, die auf Raub aus sind. An ihren *Wirkungen* sind sie zu erkennen. Von Dornengestrüpp lassen sich keine Weintrauben pflücken und von Disteln keine Feigen. Ein gesunder Baum trägt gute Früchte und ein kranker Baum schlechte. Unmöglich kann ein gesunder Baum schlechte Früchte tragen und ein kranker gute. Jeder Baum, der keine guten Früchte trägt, wird umgehauen und verbrannt werden. An ihren *Wirkungen* also könnt ihr die falschen Propheten erkennen.«

Wirkungen, sagst Du, lieber Herrgott, Wirkungen statt Taten? Ja, bestätigt der Herr, Wirkungen. Verwundert erkundigt sich der Herr: Wer spricht denn von Taten? Schnell bin ich mit der gedruckten Bibel zur Stelle: Schwarz auf weiß kannst Du's lesen. In der Bibel steht geschrieben: An ihren Taten sind sie zu erkennen. An ihren Taten also könnt ihr die falschen Propheten erkennen.

Plötzlich geht dem Herrgott ein Licht auf, weshalb die Menschen auf Erden so rastlos hasten, atemlos rasen und doch so wenig bewirken. Der Herrgott greift sich an sein Haupt: Nicht an den Worten, nicht an den Taten, sondern an den Wirkungen messe ich die Menschen. Also, sprach Gott, da habe ich mich im Wort vergriffen. Und fügt an: Mein Protokollführer, Evangelist Matthäus, hat's dannzumal gedankenlos aufs Papier gebracht. Das ist nur allzu menschlich …

Dann gibt der Herr sein Wort. Und er spricht: Gehe hin, mein Sohn, und verkünde auf Erden: Nicht an Taten, schon gar nicht an Worten, sondern an den Wirkungen messe ich Menschen. So soll es künftig auch in der Bibel stehen. Streicht das Wort Taten. Setzt mit Wirkungen das gottgewollte Wort ein.

Zum Abschied reicht mir der gütige und gestrenge Vater die Hand. Schon wollte ich zur Erde aufbrechen. Da ruft mich der Herrgott an die Himmelspforte. Höre, mein Sohn, es gibt da noch was. Wenn ich die besagte Bibelstelle recht bedenke, so fehlt ein Satz, ein entscheidender Satz. So gebiete ich, dass die Bibelstelle künftig so lautet:

»Hütet euch vor den falschen Propheten! Sie sehen zwar aus wie Schafe, die zur Herde gehören, in Wirklichkeit sind sie Wölfe, die auf Raub aus sind. An ihren *Wirkungen* sind sie zu erkennen. Von Dornengestrüpp lassen sich keine Weintrauben pflücken und von Disteln keine Feigen. Ein gesunder Baum trägt gute Früchte und ein kranker Baum schlechte. Unmöglich kann ein gesunder Baum schlechte Früchte tragen und ein kranker gute. Jeder Baum, der keine guten Früchte trägt, wird umgehauen und verbrannt werden. An ihren *Wirkungen* also könnt ihr die falschen Propheten erkennen. *Und an ihren Wirkungen also könnt ihr auch die richtigen Propheten erkennen.*«

Und so kommt es, dass spätestens im Jahr 2020 die Menschen nicht nur sprechen und tun, sondern wirken. Wer 1000-mal über Gott spricht und 1000-mal in der vordersten Kirchenbank die Sonntagsmesse besucht, hat zwar gesprochen und etwas getan – bewirkt hat er damit noch nichts.

3. Akt: Zurück auf Erden.

Gottes Wort in Ohren, setze ich mich am 21. Oktober 2002 unverzüglich an den Schreibtisch und verfasse ein Gesuch zu Händen Seiner Heiligkeit, Ioannes Paulus PP. II, Karol Wojtyla, I-00100 Vatikanstadt.

Die Begründung auf Änderung der einen entscheidenden Bibelstelle Matthäus 7,16 mündete in folgendes Ersuchen: »Ich bitte Seine Heiligkeit, diese meine Bitte zu erhören, diese Bitte als Antrag aufzunehmen und in künftigen Bibelausgaben das Wort ›Taten‹ mit dem entscheidenden Wort ›Wirkungen‹ zu ersetzen. Menschen erkennen dann, dass sie nicht an Worten oder Taten, sondern an den Wirkungen gemessen werden.«

4. Akt: Aus dem Vatikan.

Im Brief vom 8. November 2002 schreibt ein Prälat namens Pedro López Quintana, immerhin Assessor der Ersten Abteilung für Allgemeine Angelegenheiten im Staatssekretariat des Vatikans, was meine Wenigkeit erwarten durfte: Ein freundlicher Dank statt einer verbindlichen Antwort auf mein begründetes Gesuch. »Auf diesem Wege möchte ich mich für die Verbundenheit des Heiligen Vaters bedanken, ebenso für Gottes Schutz und Beistand für den weiteren Lebensweg.« So weit der Prälat.

Mit dieser Gewissheit kann ja auf dem Weg hin zu einer schönen neuen Wirkungsgesellschaft nichts schief gehen. Und dass im Vatikanstaat auch schon andere Anträge auf Änderungen gewissermaßen erdauert werden mussten, ist allseits allgemein bekannt.

(Ende des Intermezzos)

Verführung
und Verführbarkeit

Welche Sprache wirkt?

Wortmenschen zu Wirkmenschen

Vom Bohren dicker Bretter

Wie einfach hatten es doch Adam und Eva im Paradies. Nur eine Senderin: Eva. Nur ein Empfänger: Adam. Nur eine Botschaft: Versuche dich am Apfel. Nur eine Wirkung: Adam versuchte sich am Apfel und biss in ihn hinein.

Wie schwierig haben wir es heute: viele unterschiedliche Sender, viele unterschiedliche Empfänger, viele unterschiedliche Botschaften, viele unterschiedliche Formen der Vermittlung. Doch im Unterschied zu Adam und Eva meist ohne auch nur die leiseste Wirkung.

Nichts ist in unserer Welt mehr vorgezeichnet. Ob wir es wollen oder nicht: Wir tauchen immer schneller in immer andere Lebensfelder ein. Wir packen immer schneller immer andere Aufgaben an. Und wir begegnen immer schneller immer anderen Menschen. Das Lebenskarussell dreht und beschleunigt sich unaufhaltsam: Wir tun's immer schneller, wir tun's immer anders, wir tun's immer mit anderen.

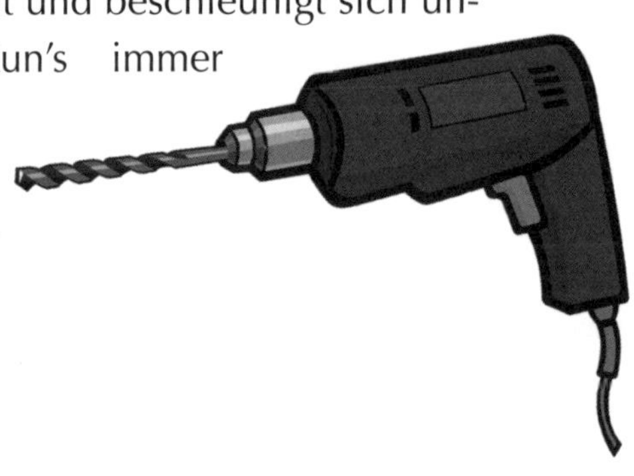

Sobald Worte und Taten nachhaltig auf Wirkungen geprüft werden, steigt in vielen Menschen ein Schwindelgefühl auf. Trotz wort- und tatenreichem 150-Prozent-Einsatz gelingen allerhöchstens noch zehn halbherzige Halbheiten in Serie:

1. Von dem, was Sie mitteilen wollen, *können Sie den Mitmenschen die Hälfte mitteilen.*
2. Von dem, was Sie mitteilen können, *empfangen die Mitmenschen die Hälfte.*
3. Von dem, was die Mitmenschen empfangen, *verstehen die Mitmenschen die Hälfte.*
4. Von dem, was die Mitmenschen verstehen, *bejahen die Mitmenschen die Hälfte.*
5. Von dem, was die Mitmenschen bejahen, *vergessen sie die Hälfte.*
6. Von dem, was die Mitmenschen nicht vergessen, *setzen sie die Hälfte um.*
7. Von dem, was die Mitmenschen umsetzen, *halten sie die Hälfte durch.*
8. Von dem, was die Mitmenschen an Taten durchhalten, *ist die Hälfte bei Gebrauch veraltet.*
9. Von dem, was beim Gebrauch nicht veraltet ist, *erzeugt die Hälfte Wirkung.*
10. Von dem, was Wirkung erzeugt, *ist die Hälfte nützlich für weitere Wirkungen.*

Rein rechnerisch entsprechen die zehn mal zehn Halbheiten in Serie einer mageren Ausbeute von sage und schreibe 0,0004882 Prozent dessen, was ursprünglich mitgeteilt und bewirkt werden wollte. Diese magere Ausbeute – Formel: 10(0,5) – spricht die wohl einzig wirksame Sprache.

Entnervt? Also vergessen Sie es. Nein! Vergessen Sie es nicht. Entwickeln Sie sich vom Wortmenschen zum Wirkmenschen: Vermitteln Sie weiter Botschaften – nur anders. Wie anders? Gekonnt in Gehalt und Gestalt auf Wirkung ausgelegt. Sprich, rede, schreibe nur, wenn Aussicht auf achtbare Wirkung besteht.

Der Geschichtenerzähler

Wirksprache – worauf es ankommt

Auf dem Platz der Gehenkten – der Djamma-el-Fna in Marrakesch in Marokko – sitzt noch heute jeden Tag ein alter Mann, der Geschichtenerzähler. Er sieht fast nichts mehr, darum hat er einen jungen Helfer. Der stammt aus demselben Dorf wie der alte Mann und achtet darauf, dass niemand Geld aus der Dose nimmt, in die die Zuhörer kleine Beträge fallen lassen.

Der Alte erzählt mit heiserer Stimme und weit ausladender Gebärde. Selbst für die Einheimischen muss seine nuschelnde Aussprache und sein zahnloser Dialekt schwer verständlich sein. Dennoch hören ihm alle fasziniert zu. Auch der Fremde kann sich der Magie der Worte nicht entziehen: Vor seinem Auge entstehen Szenarien wie aus Tausendundeinernacht. Verwegene Reiterhorden in weißen Burnussen sprengen todesmutig auf ihren wilden Hengsten über die Wüste; wüste Schlachten werden geschlagen; heldische Beduinen retten züchtig verhüllte Prinzessinnen aus den Klauen grausiger Gnome; der Steppenmond steht leuchtend über den Zelten bei der Oase, wo perfide Intrigen geschmiedet werden; der Sultan ist umgeben von hinterhältigen Beratern, die, vom Feind gekauft, nur seinen Tod im Schilde führen; glühende Liebesschwüre im Harem des Kalifen, wohin die schöne Hirtentochter vom Wesir verschleppt worden war; tückische Mordanschläge auf den Beschützer der Gläubigen, im letzten Moment verhindert durch die treue Palastwache, die dann doch so elend zugrunde gehen muss; Sandstürme, die ganze Armeen verschlucken; Sümpfe, in denen grimmige Monster hausen; weise Schriftgelehrte, die den ungestümen jungen Helden auf den richtigen Pfad führen wollen; die Gerüche der Gewürze aus dem fernen Zweistromland und unheimliche Sendlinge aus dem noch viel ferneren Asien, die die jungen Mädchen mit feinster Seide betören; unerträgliche Marter, die der junge Scheich in der Gefangenschaft bei den verräterischen Stämmen des Westens erduldet und dennoch nicht das Geheimnis preisgibt, das ihm sein alter Vater auf dem Sterbebett zugeflüstert hatte; Kreuzritter, die die heilige Moschee in Al-Kuds entweihen; Feuersbrünste legen den berühmten Bazar von Mossul in Schutt und Asche; nur die Schriften des Propheten, eingelegt in golddurchtränkte Tücher und smaragdbesetzte … und dann wird man gerufen, muss weiter und reibt sich die Augen. Was war das für ein überwältigendes Schauspiel? fragt sich der Fremde. Denn er spricht kein Wort Arabisch.

Wirksprache ist arabisch, ist englisch, ist chinesisch, ist spanisch, ist deutsch, ist … nur eines muss sie sein: eindringlich.

Unbeirrt lächelnd durchgezogen

Sprache als Ritual

Die Firma Switlik stellt seit 1920 Schwimmwesten her. Allein die Lufthansa hat 18.000 von ihnen im Betrieb. Auf jedem Flug zeigen die Flight Attendants mit eleganten Bewegungen, wie das lebensrettende Gerät richtig gehandhabt wird. Auch wenn keiner zuschaut und hinhört, alle gelangweilt in ihren Zeitungen blättern und die Vorführung auch auf dem Flug Berlin–Zürich (!) unbeirrt lächelnd durchgezogen wird, ist das Ritual wirkungsmächtig. Es vermittelt Sicherheit in einer säkularen Welt anstelle eines Gebets oder des Singens eines Psalms (zum Beispiel Psalm 23 »Der Herr ist mein Hirte, mir wird nichts mangeln … ich fürchte nichts, denn Du bist bei mir«).

Keine Fluggesellschaft der Welt kann auch nur einen Fall angeben, bei dem Passagiere durch Schwimmwesten gerettet wurden. Dennoch geben sie alle jährlich Millionen dafür aus.

Der Ton macht die Wirksamkeit

»Haben sie auch einen richtigen Beruf?« So werden Musiker oft ohne böse Hintergedanken gefragt. Ein »richtiger Beruf« ist für viele Menschen wohl etwas, das mit viel Freudlosigkeit und wenig spürbarer Wirkung zu tun hat. Wohl kaum eine Tätigkeit ist so ausschließlich richtigen Wirkmenschen vorbehalten wie das Musizieren. Oder haben Sie es schon mal erlebt, dass jemand ob der Taten eines Hauptabteilungsleiters vor Rührung geweint hätte? Geweint schon, aber vor Rührung?

Mit der Musik ist es nämlich so: Wird sie nicht mit Liebe gemacht, kann man zwar viel Geld damit verdienen, aber sie bewegt niemanden. Denn jeder Mensch, der gewohnt ist zuzuhören, spürt sofort – auch als musikalischer Nichtwisser –, ob nur Virtuosität vorgeführt wird oder ob da einer etwas zu erzählen hat.

Menschen interessieren sich letztlich nicht für Daten und Fakten. Wie schnell da einer über die Tasten wirbelt, verliert schnell an Faszination. Ob das Stück in As-Moll oder Fis-Dur geschrieben ist, interessiert nur den Spezialisten. Menschen wollen Geschichten hören. Echte, erlebte und erlittene Geschichten. Kalte Argumente haben da keinen Platz. Wirkmenschen in jedem Umfeld haben es längst begriffen. Rechthaben reicht nicht. Will man Menschen überzeugen, sollte man ihnen die eigenen Anliegen wie eine Mozart-Sonate ins Ohr träufeln. Wie ein altes Volkslied direkt ans Herz gehört eine Botschaft. Oder wie knackiger, echter Rock 'n' Roll muss es das Gegenüber unwiderstehlich in Bewegung bringen.

Machen Sie die Probe aufs Exempel. Packen Sie Ihre Verkaufsargumente in Geschichten um! Werden Sie vom Ehemann zum Minnesänger! Machen Sie Ihren Mitarbeitern keine Vorschriften, sondern erzählen Sie ihnen Fabeln! Sie werden sehen, wie leicht sich Dinge bei anderen Menschen bewegen lassen.

Bringen Sie Musik in Ihre Tätigkeit – gleich welche –, und plötzlich haben auch Sie einen »richtigen« Beruf: als musikalischer Wirkmensch, dem gerne zugehört wird!

Klare Ursache – klare Wirkung

Eine Wirkung, der man sich nicht entziehen kann

Unser Bild von den Römern und den Galliern ist geprägt von …

… Asterix und Obelix.

Wirkung ist selten so allgemein gültig.

Unausgesprochenes wirkt – und wie!

Wirkung im Service inbegriffen

Wenn Vreni im »Leuen« in Güllen dem Ueli eine Stange serviert, bringt sie ihm nicht nur drei Deziliter Bier, sondern eine Ahnung jener Mutter, die Ueli gar nie kennen gelernt hat …

Wenn José in der »Quadrilla« in Wurbschachen der Familie Häfelfinger eine Paella serviert, bringt er ihnen nicht nur Meeresfrüchte, Huhn und Reis auf einer großen Platte, sondern die dankbare Erinnerung an Maria, die immer so wunderbar gekocht hatte und die dann später auf so tragische Weise …

Wenn Rajiv im »Bombay« den Herren in Anzug und Krawatte das Tandoori-Chicken auftischt, entfaltet er nicht nur die geheimnisvollen Gerüche des Orients, sondern lässt mindestens einen der Gäste an die Zeit zurückdenken, als er noch mit langen Haaren Sitar lernen und die Welt in ein großes Goa der Liebe …

Wenn Hans im »Pöschtli« zu Wiesen 17-Punkte-mäßig auffahren lässt, lächelt sein etwas beleibter Gast nicht nur der schönen »mise-en-place« wegen, sondern, weil's noch gar nicht so lange her ist, dass er seine drei Mahlzeiten täglich aus einem Blechnapf …

Wenn Dusko um sechs Uhr früh dem Polizeiwachtmeister im Hauptbahnhof den viel zu heißen Kaffee mit Zuckersäckchen und Plastikstäbchen aus der Imbissbude reicht, wird dies in der Regel das einzig Wärmende sein, das der Ordnungshüter den Tag über bekommen wird …

Wenn Liebe wirklich verborgen durch den Magen geht, so sind die Serviceangestellten der Gastronomie die Engel der kulinarischen Sinnlichkeit. Behandeln wir diese Wirkengel auch so.

Wirkwörter statt Sprichwörter

Wortmenschen haben eine REDENS-Art. Wirkmenschen greifen Weisheiten in dieser REDENS-Art auf und entwickeln diese zu einer WIRK-Art weiter.

Die Sprichwörter der Wortmenschen	**Die Wirkwörter der Wirkmenschen**
Der Unterschied zwischen dem richtigen *Wort* und dem beinahe richtigen *Wort* ist derselbe wie zwischen dem Blitz und dem Glühwürmchen. Mark Twain	Der Unterschied zwischen der richtigen *Wirkung* und der beinahe richtigen *Wirkung* ist derselbe wie zwischen dem Blitz und dem Glühwürmchen.
Wo *Worte* selten, haben sie Gewicht. Shakespeare, König Richard II.	Wo *Wirkungen* selten, haben sie Gewicht.
Die *Tat* ist alles, nichts der Ruhm. »Hochgebirg« Goethe, Faust, Szene	Die *Wirkung* ist alles, nichts der Ruhm.
REDENS-Art	**WIRK-Art**

Mit einer WIRK-Art gesprochen: In der Wirkungsgesellschaft schauen sich Menschen nicht mehr auf die Finger, sondern auf die Wirkung.

Wirkfaulpelze eindeutig entlarvt

Ausflüchte der Wirkmuffel

Wirkmuffel sind in der Firma, in der Familie und im Freundeskreis leicht zu entlarven. Wirkmuffel verraten sich unter anderem mit faulen Ausflüchten. Hier die häufigsten zwölf Verweigerungssätze der Wirkfaulpelze:

1 Ich bin nicht sicher, ob das meinem Chef gefällt
2 Uns fehlen die Voraussetzungen
3 Das ist viel zu ehrgeizig
4 Mich hat bisher niemand gefragt
5 Das Tagesgeschäft geht vor
6 So wie wir es jetzt machen, ist es doch in Ordnung
7 Uns fehlen die Leute
8 Das ist doch gar nicht unsere Aufgabe
9 Darüber müssen wir noch eingehender nachdenken
10 Wir warten auf eine Richtlinie dafür
11 So etwas haben wir noch nie angepackt
12 Am Ende wird wieder nichts geschehen

Wirkungen erst garantieren verlässliche Erfahrungen

Evas Doppelbegabung

Ich will gerne zugeben, dass mich der Lebensalltag ebenso fasziniert wie das Surfen im Cyberspace. Das mag mitunter an Evas Rolle im Paradies liegen, denn nicht Wörter und Sätze, sondern authentische Verführung und Verführbarkeit sind die wirkmächtigste Garantie für verlässliche Erfahrungen im Leben.

Evas allerschönste Doppelbegabung, ihre Verführbarkeit und ihre Verführungskunst, erscheint ja noch nicht überall im günstigsten Licht. Man bringt sie immer noch mit einem Reptil in Verbindung, das in bestimmten Kreisen keinen guten Namen hat. Gerade diese Doppelbegabung kommt mir inzwischen als **die beste Erbschaft aus dem Paradies** vor. Eva brachte damals nicht nur Bewegung in Gottes noch allzu brave Schöpfung, sie kommt uns bis heute im Entdecken der Welt täglich zustatten. Zwar braucht Eva heute nicht rehabilitiert zu werden. Doch eine Reverenz ist hier fällig. Wirksame **Verführung und Verführbarkeit**: Das ist die echte Garantie für verlässliche Erfahrungen, für verlässliche Erkenntnis in der Wirkungswelt.

»Gehet hin und wirkt.«

Das Handy klingelt. Unbekannter Anrufer: »Schaller, guten Tag …« – »Hier spricht der Schöpfer.« Ich fahre zusammen. Will er mich Evas Doppelbegabung wegen rügen?

Der Herr nimmt mich ruhig zur Brust: »Mein Sohn, in der Bibel steht geschrieben: ›Am Anfang war das Wort.‹ Das belasse. Füge jedoch am Schluss der Bibel hinzu: ›Am Ende ist Wirkung zum Guten für dich und andere.‹«

Eilig schreibe ich mir den Satz auf. Schon verabschiedet sich der Herr: »Und nun gehet hin und wirkt.«

Diese Einladung steht nicht in der Einzahl. Diese Einladung gilt für alle Erdenbürgerinnen und Erdenbürger. Also wirken wir – Christen und Moslems, Juden und Hindus – zum Guten. Und veranlassen wir, dass zumindest die Bibel mit diesem einen Satz abgerundet wird. Warum eigentlich nicht auch im Koran des Islams, in den Veden und Upanishaden des Hinduismus, in der Tripitaka des Buddhismus, in der Thora und im Talmud des Judentums?

Nicht nur Menschen
sind Wirklinge

Die weite Welt der wunderbaren Wirkungen

Die weite Welt der wunderbaren Wirkungen (Folge 1)

Auch ein Baum ist ein Wirkling

Nicht nur Menschen sind Wirklinge. Wirklinge sind auch Lebewesen wie Pflanzen und Bäume. Der Fall eines Baumes: Etwa 200 Euro ergibt die Verwertung eines gefällten Baumes. Hingegen liegt der Wirkungswert eines Baumes, und rechnen Sie nur kühl durch, bei über 3000 Euro, pro Jahr wohlverstanden. Dieser ungleich höhere Ertragswert ergibt sich, wenn wir bereit sind, den Wirkungsgrad des Baumes für die Wirtschaft und die Umwelt, die Menschen und die Natur aufzulisten. Kurzum: den Baum nicht einfach als Baum, sondern nutzenstiftend als Wirkling zu sehen und zu bewerten. In dieser Betrachtungsweise kann ein 100-jähriger Baum im Laufe seiner Lebenszeit eine volkswirtschaftliche Wirkung von 300.000 Euro erbringen. Der Baum regeneriert Luft durch die Photosynthese (Umwandlung von Kohlendioxid in Sauerstoff) und produziert Humus sowie Nahrung für Tiere und Pflanzen. Die Erde dient der Reinigung und Filterung des Wassers sowie als Reservoir (Rückhaltung) des Grundwassers. Bäume regeln die Temperatur und das Klima. Außerdem bieten sie einen erheblichen Erholungswert. Fazit: Betrachtet der Mensch einen Baum als Wirkling, steigt die Wertschätzung enorm.

Die weite Welt der wunderbaren Wirkungen
(Folge 2)

Auch ein Computer ist ein Wirkling

Nicht nur Menschen sind Wirklinge. Wirklinge sind auch Maschinen wie Autos oder Computer. Der Computer gilt gemeinhin als Gerät, das man, kaum hat man es erworben, zur Hälfte des bezahlten Preises im Ausverkauf entdeckt. Ein Vehikel, das immer über die falschen Treiber verfügt, zu keinem Peripheriegerät wirklich passt und Kapriolen veranstaltet, die den Techniker regelmäßig zur kopfschüttelnden Aussage veranlasst, sooooo etwas hätte er jetzt noch gaaaaaar nie gesehen. Ferner frisst dieses Gerät nicht nur Software wie ein hungriger Löwe, sondern dem gebeutelten Anwender ein immer größeres Loch in den Beutel.

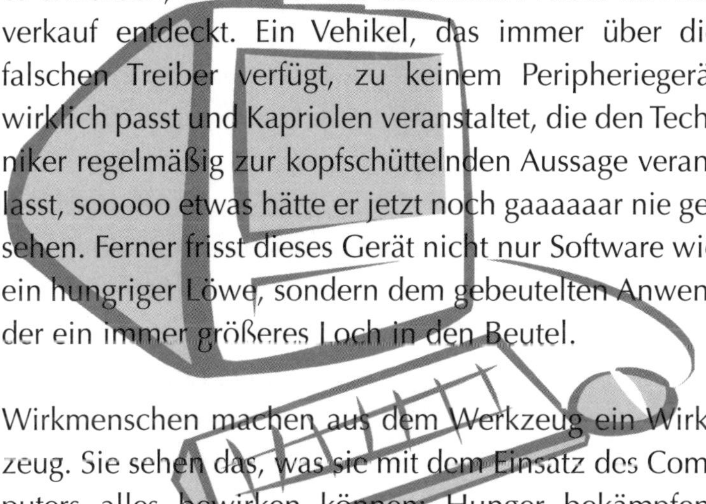

Wirkmenschen machen aus dem Werkzeug ein Wirkzeug. Sie sehen das, was sie mit dem Einsatz des Computers alles bewirken können: Hunger bekämpfen, Löhne erhöhen, Sicherheit verstärken, Poesie in den Alltag bringen, Menschen zum Lachen bringen, Zeit sparen, Rendite erhöhen, Kosten senken, Ideen festhalten, Schlimmeres verhindern ... Fazit: Wer Computer als Wirkling anerkennt, erkennt die Wirkwerte, die in jedem PC stecken.

Die weite Welt der wunderbaren Wirkungen
(Folge 3)

Auch Luft ist ein Wirkling

Nicht nur Menschen sind Wirklinge. Wirklinge sind auch Elemente wie Feuer, Wasser, Erde und Luft.

»Wie Luft behandeln« – »alles nur heiße Luft« – »ein Luftikus« – »in dünner Luft« agiert einer, der ein Ziel zu kurzatmig zu erreichen sucht, »gesiebte Luft« gibt's hinter schwedischen Gardinen zu atmen, Investitionen »lösen sich in Luft auf«, unangenehme Argumente werden als »aus der Luft gegriffen« bezeichnet, bei Ärger gibt's »dicke Luft«, Unheil liegt in der Luft, die einem manchmal vor Schreck wegbleibt, und nur »von Luft und Liebe« hat auch noch keiner gelebt.

Woher diese »luftfeindliche« Haltung? Dabei ist Luft eine wirkmächtige Substanz: Luft trägt Flugzeuge, formt als Wind Landschaften, bläht Segel, trägt Pollen zur Befruchtung, wärmt und kühlt, trocknet und befeuchtet, schützt vor Strahlung, erzeugt Strom aus Windkraft, bringt Wolken, bläst sie wieder weg, verdünnt Schadstoffe und lässt uns atmen.

Ohne Luft würden die meisten Leben erhaltenden chemischen und biologischen Reaktionen gar nicht ablaufen, die Erde wäre wüst und leer, und unsere Spezies würde gar nicht existieren.

»Du bist für mich wie Luft« wird so durch die Einsicht in deren Wirkmächtigkeit von der verächtlichen Bemerkung zum Kompliment! Es lebe der Wirkling Luft.

Was wir wirken, kann uns niemand nehmen

Einmaliges und Einzigartiges bewirken

Es gibt eine Zeit mit dir. Und eine Zeit nach dir.

Und einen Augenblick nur mit dir

Über alles, was wir in unseren Stunden- und Tageswerken zum Ausdruck bringen, spannt sich wie ein Bogen die Erkenntnis, dass jeder von uns an einem großen Schauspiel teilhat. Erwin Schrödinger, theoretischer Physiker (1887–1961), stellte die richtige Frage richtig: »Was ist's, das uns plötzlich aus dem Nichts hervorgerufen, um dieses Schauspiel, das unser nicht achtet, ein Weilchen zu genießen?«

Versuchen wir, darauf als Wirkmenschen zu antworten: Allesamt sind wir vergänglich. Recht eigentlich leben wir eine verdammt kurze Zeit. Was uns heute ergötzt und was wir für ewig schätzen, wird als leichter Traum vergehen.

Dessen sind sich Wirkmenschen vollauf bewusst: Alle Herrlichkeit auf Erden wird zu Asche und Rauch. Kein Monument, keine Statue bleibt bestehen. Viele Tat- und Wortmenschen trachten nach Macht, Bekanntheit, Geld und Reichtum. Doch nach dem Ruhm, den Menschen so unsterblich achten, fragt keiner mehr, sobald der Geist gewichen und der Mund erblichen. Ruhm ist flüchtig und nichtig. Wer in Glanz und Gloria hoch vermessen, als wie ein Göttlicher an den Schalthebeln irdischer Macht gesessen, dessen wird morgen schon vergessen.

Was wir hier besitzen, können wir nicht mitnehmen. Hingegen: Was wir für uns selbst, für unsere Mitmenschen und die Welt bewirken, das kann uns zeitlebens wenigstens keiner nehmen.

Friedrich Traugott Wahlen und Ernst »Ernie« Büchi sind echte Wirkmenschen. Die folgenden Porträts zeigen, wie diese Wirkmenschen ihre Wirkzeit einmalig gelebt und einzigartig genutzt haben. Kaum jemand kennt die Namen heute noch. Beiden ist gemeinsam, dass sie im Buch ihres Lebens, bewusst oder unbewusst, einzigartige Wirkungen festgeschrieben haben. Und beiden ist überdies gemeinsam, dass sie Einmaliges bewirkt haben, obschon ihre Berufe – Minister und Plattenverkäufer – unterschiedlicher nicht sein könnten.

Friedrich Traugott Wahlen – vom Beamten zum nationalen Wirkmenschen

Wirken mit Klugheit

Am 15. November 1940 brachte Friedrich Traugott Wahlen, der Chef der Abteilung für landwirtschaftliche Produktion und Hauswirtschaft im Eidgenössischen Kriegsernährungsamt, in einem Vortrag, ohne Wissen seiner Vorgesetzten, seinen Anbauplan vor eine breitere Öffentlichkeit. Wahlen hatte in Anbetracht der vollständigen Umschließung der Schweiz durch die Achsenmächte die Möglichkeiten der Schweiz untersucht, die landwirtschaftliche Produktion auf vermehrten Ackerbau umzuorientieren und sich bei völligem Versiegen der Einfuhren selbst mit Nahrungsmitteln zu versorgen. Um dies zu erreichen, stellte er wenige Grundforderungen auf: sparsame Bewirtschaftung der Vorräte, Ausnützung aller Ressourcen in Anbau und Wiederverwertung, organisierter Einsatz der Produktionsmittel wie der menschlichen Arbeitskraft »unter rücksichtsloser Einschränkung aller nicht lebenswichtigen Tätigkeiten«.

Klug hatte Wahlen seinen Plan so formuliert, dass jede gesellschaftliche Gruppe ihn als Bestätigung der eigenen Vorstellungen interpretieren konnte: Die Linken begrüßten ihn als ersten Schritt hin zur Einführung der Planwirtschaft, die Bauernsame sah sich in ihrer Bedeutung als

Fundament der »wahren Schweiz« bestätigt, mit dem »Reich« Sympathisierende sahen ihre »Blut und Boden«-Ideologie »erneuernd« in die offizielle Schweizer Politik einfließen, und die Unternehmerschaft begrüßte ihn als gemäßigtes kriegswirtschaftliches Notprogramm.

Die angestrebte Versorgungsautarkie hat Wahlen gar nie erreicht; die befürchtete totale Abriegelung der Schweiz blieb aus, und der Selbstversorgungsgrad stieg bis Ende 1942 lediglich von 52 auf 59 Prozent! Wirkungsgrad ungenügend, könnte man monieren.

Einmalig und einzigartig am so genannten Anbauplan war etwas anderes. Der Plan Wahlen, die so genannte Anbauschlacht, trug zu einer gesellschaftlichen Solidarisierung bei, die in bedrängtester Zeit für die kleine Schweiz lebenswichtig war. Der Widerstandswille gegen das übermächtig scheinende Naziregime wurde durch das landesweit unterstützte Projekt wirksam gestärkt. 1959 dankte ihm sein Land für diese große Leistung zur Bewahrung der staatlichen Unabhängigkeit mit der Wahl in den Bundesrat (= Regierung der Schweizerischen Eidgenossenschaft).

Ernst »Ernie« Büchi – Musik und nur Musik

Wirken mit Liebe

Ein Wirkmensch eigenster Art war der Berner Amateurmusiker und Plattenverkäufer Ernst »Ernie« Büchi. Als Musiker hatte er den Durchbruch nie ganz geschafft, als Mensch war er oft schwierig im Umgang, und ein schweres Augenleiden machte ihm das Leben schwer. Manch ein anderer wäre darüber bitter geworden, nicht so »Easy Ernie«: Als Plattenverkäufer bei Musik Hug bildete er halbe Generationen lernbegieriger Nachwuchsmusiker und Musikliebhaber aus. Er verstand seinen Beruf halt nicht als Tatmensch. Die Anzahl verkaufter Platten war ihm egal – wenigstens kurzfristig. Es ging um die Musik und nur um die Musik. Ums Hören und richtig Zuhören. Es spielte keine Rolle, ob der »Kunde« das nötige Kleingeld hatte, auch nur eine der Platten, die »Ernie« für ihn heranschleppte, zu kaufen. Hören musste man sie. Büchis musikalisches Wissen war immens, seine große Liebe gehörte dem Jazz. Wenn man dieses Interesse teilte, war man schon beim Betreten des Geschäfts rettungslos verloren. Der Kunde wurde auf einen Stuhl bei einer Abspielstation gebeten und kam selten unter einer Stunde beziehungsweise mindestens zehn Hörbeispielen davon. Manch einer hat dabei jahrelangen »Gratisunterricht« genossen. Später, als das Taschengeld etwas mehr wurde, war man dermaßen gut ausgebildet, dass man auch genau wusste, was man kaufen wollte. Viele umfangreiche Schweizer Plattensammlungen haben ihren Ursprung in »Ernie« Büchis wirkungsvoller Begeisterung. Wollen wir hoffen, dass die Firma Hug den seltsamen Kauz bis zu seiner Pensi … Wirken geht die Rechnung langfristig auf: Büchis Schüler kamen wieder, später als kaufkräftige Erwachsene, kauften Platten und Musikinstrumente. Bereits nahmen deren Kinder auf dem Stuhl bei der Abspielstation Platz. Damit begann Büchi, eine neue Kundengeneration heranzuziehen.

Was gemessen wird,
wird bewirkt

Wirkungen an Zahl und Ziffer

Die Crux jeder Bilanz

Was nicht gemessen wird, wird nicht bewirkt. Denn Wirkungen, die nicht gemessen werden, sind nicht erfassbar, also wertlos.

Die Freiheit der Bewertung schließlich ist die Crux jeder Bilanz. Was Wirkmenschen bewirken, ist nach bestem Wissen und Gewissen auf einen Stichtag zu bewerten. Die Gegenwart ist entscheidend. Wirkmenschen erinnern sich jedoch auch an die Meriten der Vergangenheit, das gibt Kraft für die Zukunft, um sich aufs Neue Wirkungsziele zu stecken.

Wirkmenschen bilanzieren, was sie effektiv bewirkt haben. Sie lügen sich nicht in die Taschen, erstellen keine Pro-forma-Rechnung, die nicht darstellt, was bewirkt worden ist, sondern was sie noch bewirken wollten oder sollten. Die Bilanz ist eine vollständige Aufzählung des Wirkgutes in einer ausgewählten Zeiteinheit (Stunde, Tag, Woche, Monat, Jahr und so weiter).

Wie Wirkungen messen?

Tat × Wirkung = Wirkwert

Gemessen werden Wirkmenschen nicht an den Taten, sondern am Wert der Wirkungen, der in einer ausgewählten Zeiteinheit zu erzielen ist. Wirkmenschen errechnen den Wert der Wirkungen anhand einer einfachen Formel:

Lebenstaten × Lebenswirkung = Lebenswirkwert

Jahrestaten × Jahreswirkung = Jahreswirkwert

Monatstaten × Monatswirkung = Monatswirkwert

Wochentaten × Wochenwirkung = Wochenwirkwert

Tagestaten × Tageswirkung = Tageswirkwert

Stundentaten × Stundenwirkung = Stundenwirkwert

Minutentaten × Minutenwirkung = Minutenwirkwert

Sekundentaten × Sekundenwirkung = Sekundenwirkwert

und so weiter

Die Wirkzeit für Berufstätige umfasst bei angenommenen 40 Arbeitsjahren zu je 200 Jahres-Arbeitstagen insgesamt rund 8000 Arbeitstage oder 64.000 Arbeitsstunden. Im Arbeitsalltag – zu Hause oder im Geschäft – hetzen Menschen oft von Einzelereignissen zu Einzelereignissen. Sie können sich weder als Erlebnisgemeinschaft erfahren noch ihre unterschiedlichen Erlebnisse gar zu einer großen gemeinsamen Erzählung zusammenfügen. Die Sehnsucht nach der großen gemeinsamen Erzählung aber ist vorhanden, vorläufig noch unerfüllt. Wirkdenken und Wirkfühlen, wie im Buch des Lebens bereits einleitend mit dem Wirkwunder im Hamburger Hafen (siehe Seite 14) ausgelegt, stoßen genau in diese Richtung. Unternehmen wir den Versuch, die Wirkwerte im Leben weiterer Menschen aufzuspüren und aufzudecken.

Der kleine und feine Unterschied

Wort- und Tatmenschen sagen:
Gutes tun und darüber sprechen.

Wirkmenschen sagen:
Gutes bewirken und darüber sprechen.

Echten Wirkmenschen
auf der Zeit-Spur

Arbeit – das Schönste kommt noch

Was Maschinenführer Nicola Lemme bewirkt

In einer Stunde 14.400 traumhafte Augenblicke

Nehmen wir's vorweg: Nicola Lemme ist mein Schwiegervater. Gastarbeiter aus Italien, seit 40 Jahren in der Schweiz, arbeitet Nicola Lemme als Maschinenführer der Firma Calendaria in der Kalenderproduktion.

Und ich beneide ihn gleich doppelt. Erstens um seine Aussicht bei der Arbeit: Er stellt Bildkalender her. Ohne Unterlass sieht er das Schönste der Schweiz. Zermatt mit dem Matterhorn und St. Moritz im Engadin, ein bisschen Berner Oberland mit den Schneebergen Eiger, Mönch und Jungfrau, zur Abwechslung das Tessin mit Lugano und Ascona, schließlich Luzern samt Vierwaldstätter See.

Nicola Lemme besorgt die Spiralbindung der Bildkalender, die sich »Swiss Classic« oder »Swiss Places« nennen. Pro Stunde schafft er 1200 Kalender. Jeder Jahreskalender enthält zwölf Monatsblätter mit je einem Bild. In einer Stunde bindet er 14.400 Schön-Schweiz-Bilder zu Spiralkalendern zusammen.

Zweitens beneide ich ihn um seine Wirkung. Der Italiener Nicola Lemme kann wie kein anderer von sich behaupten, in jedem Haushalt der Schweiz zu Hause zu sein. Denn in praktisch jedem Haushalt der Schweiz hängt einer seiner Bildkalender.

Und schon geht das kleine Wirkwunder des Maschinenführers Nicola Lemme los. Arbeitet Nicola Lemme nur eine Stunde, stellt er 1200 spiralgebundene Bildkalender mit je zwölf Monatsblättern her, verschafft er folglich den Menschen landauf, landab 14.400-mal ein »Jöö«-Erlebnis, denn jahrein, jahraus blättern die Menschen allmonatlich ein Kalenderblatt um; jedes neue Schön-Schweiz-Monatsbild löst bei den Betrachtern besondere Anmutungen wie »wunderbar« oder »traumhaft« aus. Nicola Lemme ist nicht nur in praktisch allen Haushaltungen der Schweiz zu Hause, er bewirkt dort bei den Menschen auch wunderbare und traumhafte Augenblicke.

Nun werden Sie sich vielleicht fragen, warum der Autor seinen Schwiegervater zitiert. Nicht der Bequemlichkeit wegen. Durchaus der Wertschätzung und der Wirkwerte wegen. Vor allem aber, um Ihnen, geschätzte Leserin, geschätzter Leser, zu zeigen, dass unter den engsten Verwandten und Bekannten sehr viele Wirkmenschen zu entdecken sind. Das gilt für mich ebenso wie für Sie.

Was Frisörin Marie Platt bewirkt

In einem Tag schaffe ich 25 Männer

Abends kehren Arbeitskräfte nach Hause, abends gehen Menschen zu Bett: Was habe ich denn heute eigentlich gemacht? Nur Kleinigkeiten, gar nichts Nachhaltiges, beschleicht viele das bedrückende Gefühl. Da tut es gut, sich den Wirkungswert der Tagesarbeit vorzustellen.

Frisörin Marie Platt aus Bochum hat sich noch nie zuvor überlegt, wie viele Kunden sie täglich bedient. Sie überlegt und schmunzelt: »Pro Tag schaffe ich 22 Männer.« In der Tat: 22 frisch frisierte Herren verlassen täglich den Salon. Einige Wirkungen: Neun erhalten zu Hause von ihrer Frau ein dickes Kompliment, vier verlieben sich neu, drei erhalten eine neue Stelle, fünf kommen bei einer Kundenpräsentation sehr gut an und einer fühlt sich mit der neuen Frisur so viel besser, dass er seine Freundin spontan in die Oper einlädt. In diesen Wirkungen liegt der Wert einer Tagesarbeit. Mit diesem Wirkungswissen ist Frisörin Marie Platt fürwahr ein Wirkmensch mit einem hohen Selbstwirkwert. Und schon schläft sie entspannter ein, um morgen wieder voller Wirkdrang aufzustehen.

Was Herzchirurg Bruno Reichart bewirkt

In einem Jahr 22 Herztransplantationen

Prof. Dr. Bruno Reichart steht der Herzchirurgischen Klinik im Klinikum Großhadern der Universität München vor. Dort werden bei Erwachsenen pro Jahr zirka 22 Herzen transplantiert. Nach einer Transplantation dürfen diese Herzoperierten mit einer Zehn-Jahres-Überlebensrate rechnen.

Herzchirurg Bruno Reichart leitet 22 Herztransplantationen als erfolgreicher und anerkannter Tatmensch. Als Wirkmensch leistet er noch mehr, entscheidend mehr: Er schenkt 22 Menschen mindestens zehn weitere Lebens- respektive Wirkjahre. Das sind 3650 Tage für jeden Einzelnen. Das sind 80.300 Wirktage insgesamt, welche die 22 Herzoperierten ihren Familien, Firmen, Freunden widmen können.

Prof. Dr. Bruno Reichart erweist sich zum Beispiel als Stütze der Wirtschaft, denn mit den 22 erfolgreichen Herzoperationen bewirkt er 80.300 Tage Nachfrage und Kaufkraft erstens für den täglichen Bedarf und zweitens für 22-mal individuelle Wirkungsgeschichten: Froh über den Ausgang der Operation, schenkt sich der eine ein neues Auto, der Zweite gönnt sich mit der Lebenspartnerin eine Weltreise, der Dritte investiert in eine längst geplante Geschäftsidee, der Vierte kauft sich in den Bergen ein Ferienhaus und so fort. – Herzerquickendes Fazit: Mit seinen Operationen bewirkt der Herzprofessor ein kleines einzigartiges Wirtschaftswunder.

Maximalisten und Minimalisten

Ehre, wem Ehre gebührt. Einem Maximalisten gebührt Ehre, weil er stets nur nach dem Besten strebt. Hingegen gebührt einem Minimalisten – so ein weit verbreitetes Vorurteil – Schimpf und Schande, denn er schickt sich allerhöchstens an, das zu tun, was ihn gerade geheißen wird. Mitnichten! In der Wirkungsgesellschaft können Wirklinge sowohl als Maximalisten als auch als Minimalisten top wirken. Zur Ehrenrettung der Minimalisten trete ich gerne als deren Anwalt an und auf. Zunächst zu einem Maximalisten:

Maximalisten wirken top

Wird versucht, genau vorgegebene Mittel so einzusetzen, dass eine größtmögliche Wirkung erzielt wird, so handeln Wirkmenschen nach dem Maximalprinzip. Maximalisten streben mit gegebenen Mitteln den größtmöglichen Zielerreichungsgrad an.

Ferdinand Piëch – ein Wirkmensch, der als Maximalist top wirkt

Wie war das noch, als der Vorstandsvorsitzende der Volkswagen-Gruppe, Ferdinand Piëch, 1997 verkündete, VW werde einen Drei-Liter-Motor bauen? Zweifler meldeten sich zu Wort. Maximalist Ferdinand Piëch strafte sie alle Lügen. Mit den vorgegebenen Mitteln – drei Liter – schafft der VW Lupo ein ansehnliches Wirkungsergebnis von 100 gefahrenen Kilometern.

Minimalisten wirken top

Wird hingegen versucht, ein gegebenes Wirkungsergebnis mit möglichst geringen Mitteln zu erreichen, so wird nach dem Minimalprinzip gewirkt. Minimalisten streben ein gesetztes Wirkungsergebnis mit dem geringsten Einsatz an Mitteln an. Minimalisten setzen die Mittel stets haushälterisch-schonend ein.

Nehmen wir gefahrene 100 Kilometer als gegebenes Wirkungsergebnis eines Automobils. Wie viele Liter Brennstoff verbraucht Ihr Auto auf diese Distanz? Der Drei-Liter-Lupo ist Realität. Bereits tüfteln Forscher an einem Zwei-Liter oder gar Ein-Liter-Auto. Diese Wirkmenschen haben sich dem Minimalismus pur verschrieben und arbeiten hart an ihrer Mission, immer weniger Liter Benzin zu verbrauchen, um ein gegebenes Fahrziel in einer Entfernung von 100 Kilometern zu erreichen.

Die Deutsche Elf als Minimalismusweltmeister. Fußball-WM ist, wenn Deutschland im WM-Finale steht – wie in Korea 2002 bereits zum siebten Mal. Regelmäßig erreicht die Deutsche Elf das Finale mit dem geringsten Einsatz aller geringen Mittel: Im Halbfinale gegen den WM-Gastgeber Südkorea reichte ein einziger Treffer von Michael Ballack in der 75. Minute, zuvor im Viertelfinale ein 1:0 gegen die USA und im Achtelfinale ein 1:0 gegen Paraguay. Weltmeisterlich ist der Minimalismus der Deutschen Elf. Das ist ein Lob für Rudi Völlers Mannschaft. Denn kein anderes Team erreicht ein vorgegebenes Ziel – im WM-Finale auflaufen – mit geringeren Mitteln – sprich: noch weniger Toren.

Wirken – hier und jetzt

Auf dieser Erde sind wir Gäste

Demut ist kein Fremdwort

Demut ist Wirkmenschen kein Fremdwort: Wir sind zu Gast hienieden. Was reichen wir dem Schöpfer, unserem Gastgeber, als Geschenk?

Bevor wir uns um das Leben nach dem Tod kümmern, geht es darum, den Lebenden ein wirkliches Leben vor dem Tod zu ermöglichen. Wenn wir uns mit dem handelnden Jesus auseinander setzen, wie er uns im Evangelium entgegentritt, dann wird deutlich, wie sehr sich Jesus um dieses Leben hienieden bemüht hat: Hier auf Erden sollen die Blinden wieder sehen, die Lahmen wieder gehen, die Gefangenen befreit und die Niedergedrückten aufgerichtet werden. Vom Leben nach dem Tod spricht Jesus nur selten. Und das ist auch gut so für Wirkmenschen:

Warten wir nicht auf die Nachwelt. Wirken wir hier und jetzt. Es gibt keinen Grund, erst morgen mit einer schönen neuen Wirkungsgesellschaft zu beginnen. Deshalb bestellen Wirkmenschen ihr Haus beizeiten, hienieden Tag für Tag.

Eine Zwei-Minuten-Übung

Operation »Bilanz«

Was Sie dem Schöpfer an wesentlichen werthaltigen Wirkungen werden melden können, zeigt sich in dieser Übung. Gesetzt der Fall, Sie sind im Spital, einer Herzoperation wegen. Die Operation ist gut verlaufen. Sie befinden sich auf dem Weg zur Besserung. Durch eine unbedachte Bewegung reißen Sie die Sonde des Herzkatheters heraus. Ihnen wird angst und bange. Geschwächt und mit letzter Anstrengung erreichen Sie das Handy. Sie schaffen es, Ihre Partnerin/Ihren Partner anzurufen. Was sagen Sie in den zwei Minuten Ihres Abschieds? Ziehen Sie Bilanz. Nehmen Sie sich zwei Minuten Zeit.

Gesetzt der Fall, Sie haben noch zwei Minuten zu leben. Welche wesentlichen Wirkungen haben Ihr Leben bis heute lebenswert gemacht?

Notizen:

–	Wirkungsbilanz	+

Heute zufrieden einschlafen.
Dereinst zufriedener entschlafen

Was von Mutter und Vater bleibt

Mein Vorschlag: Schreiben Sie Ihre Lebensbilanz. Entscheidend sind nicht Ihre (Helden-)Taten, sondern die Wirkungen, die aus diesen Taten für Sie, Ihre Angehörigen, Ihr Unternehmen und die Gesellschaft entstanden sind.

Führen Sie Ihre Wirkungsgeschichte jährlich nach. Übergeben Sie diese Wirkungsbilanzen den Töchtern und Söhnen. Das interessiert die Kinder erst, wenn sie erwachsen sind, dann jedoch umso mehr. Oder fragen Sie einmal einen 70-Jährigen, was er über seine Großeltern und Eltern weiß ... Erinnerung greift kurz. Umso wertebeständiger sind persönliche Wirkungsgeschichten. Denn Sie und Ihre Angehörigen entdecken, dass Sie mehr bewirkt haben, als Sie selbst und Ihre Angehörigen zuvor je zu träumen gewagt hatten.

Echte Wirkungsgeschichten dienen, sprechen wir es offen an, auch als Grundlage für einen menschen- und lebenswürdigen Nachruf, für eine vertiefte Trauer, wenn geliebte Menschen scheiden. Kaum sind Menschen tot, schließen immer mehr Todesanzeigen das Privat-Intime in eine massenmediale Öffentlichkeit ein. Wer sind all die »außergewöhnlichen«, »aufopferungsvollen« und »herzensguten« Menschen, die man im eigenen Leben selten trifft? Der heutige Drang, Tod und Trauer emotional mitzuteilen, könnte mit dem Verlust beständiger Zugehörigkeiten zu tun haben: Die Familie hat sich aufgelöst, ebenso die Dorfgemeinde und auch die religiöse Gemeinde. Doch dieser Zustand scheint dem Menschen unerträglich: Trauernde klagen ihr Leiden in die massenmediale Öffentlichkeit hinaus und hoffen auf ein Echo. Todesanzeigen sollten Kleinanzeigen werden. Es reicht, nichts anderes als »Name Vorname ist tot« zu schreiben. Große Anzeigen dürften jedoch als Wirkungsgeschichten mit persönlichen Lebenswirkwerten erscheinen.

Aufgeweckt für
eine schöne neue
Wirkungsgesellschaft?

2020 – wir sind in der Zeit

Wir leben nur einmal

Doch leben wir auch einmalig?

Ich will nicht die Welt mit Ideologien, Dogmen oder irgendwelchen -ismen verbessern. Ich will auch nicht die gesamte Menschheit bekehren. Weder noch. Mit Ihnen habe ich Wirksameres vor. Sie allein entscheiden, was Sie aus der Hauptrolle im Buch Ihres Lebens machen.

Naturgegeben leben wir alle hier und jetzt. Mit der Wirkungsgesellschaft lade ich Sie einzig ein, nicht nur einmal, sondern einmalig, gar einzigartig zu leben, gerade so wie keine(r) je vor Ihnen und keine(r) je nach Ihnen. Merke: **Einmal gelebt heißt noch lange nicht einmalig und einzigartig gelebt.**

Weg von negativen Utopien

Hin zur Wirkungsgesellschaft 2020

Für jeden, der wie ich in den mittleren und späteren Jahrzehnten des 20. Jahrhunderts aufwuchs, war die Zukunft mit allen ihren schrecklichen Möglichkeiten in zwei Büchern umrissen worden: in George Orwells »1984«, das 1949 erstmals publiziert wurde, und in Aldous Huxleys »Schöne neue Welt«, veröffentlicht 1932. Diese beiden großen Revolutionen des 20. Jahrhunderts bereiteten die Menschen auf die Informationstechnologie und die Biotechnologie vor.

Beide Bücher enthielten negative Utopien. Mit »Wirkungsgesellschaft« will ich keine dritte negative Utopie vorlegen – ich will die wirklichen und möglichen Wirkungsgeschichten mit der ersten großen Revolution im 21. Jahrhundert durchdringen, Wirkungswissen schaffen und dadurch Menschen und Unternehmen neu denken, neu spüren, neu werten. Insofern könnte man eher von Humantechnologie, nicht jedoch von Informations- und Biotechnologie sprechen.

Aldous Huxley und George Orwell orakelten, welche Entwicklung unsere Menschheit nehmen wird. Beide Bücher waren – nehmt nur alles in allem – weit hellsichtiger, als es damals irgendjemand wahrnahm. Heute ist das geistige Leben durch geschwätzige Ratlosigkeit und beklemmende Leere charakterisiert. Niemand sagt, was werden soll und wo es langgeht. Niemand orakelt mehr. Mit »Die Macht der Tat. Nur die Wirkung zählt« wagen wir einen Orakelspruch, der sich bis spätestens ins Jahr 2020 erfüllt. Bis zum Orakelspruch dauert es

zehn Minuten.

Genauso lange dauert die Lektüre des vielleicht anspruchsvollsten Textes in diesem Buch. Doch der Reihe nach:

Die erste große Revolution im 20. Jahrhundert: »1984«

Informationstechnologie

Zehn Minuten bis zum Orakelspruch 10.00

George Orwells »1984« handelt von dem, was wir heute als Informationstechnologie bezeichnen: Von ganz entscheidender Bedeutung für den Erfolg des gewaltigen totalitären Imperiums, das über »Ozeanien« errichtet wurde, war ein Apparat, »Televisor« genannt, ein wandgroßer Flachbildschirm, der Bilder empfangen und gleichzeitig Aufnahmen aus jedem einzelnen Haushalt an einen über allem schwebenden Großen Bruder (Big Brother) senden konnte. Der »Televisor« war das Instrument, das die unglaubliche Zentralisierung des gesell- 09.00
schaftlichen Lebens unter dem Wahrheitsministerium und dem Liebesministerium möglich machte. Er erlaubte nämlich der Regierung, jede Intimität zu unterbinden, da alle Worte und Taten durch ein gewaltiges Netzwerk von Drähten überwacht wurden. Was an »1984« verfehlt ist, lässt sich leicht sagen: Wer nicht spricht und tut, was dem Großen Bruder gefällt, wird gefoltert, und zwar grausam. So steckt der Große Bruder den »Helden« des Buches, Winston Smith, in einen Käfig, der es Ratten erlaubt, das Gesicht des tragischen Helden anzunagen, es sei denn, dieser verrate den Namen seiner Geliebten.

Die zweite große Revolution im
20. Jahrhundert: »Schöne neue Welt«

Biotechnologie

08.00

Aldous Huxleys »Schöne neue Welt« handelt dagegen von einer zweiten großen technologischen Revolution der Zukunft, vom Fortschritt der Biotechnologie. Was dem Buch die besonders unheimliche Atmosphäre gab, waren das »Bokanowsky-Verfahren«, das Austragen von Menschen außerhalb des Mutterleibs oder »in vitro«, wie wir heute sagen würden; das Medikament »Soma«, das den Menschen auf der Stelle Glücksgefühle verschaffte; die »Fühlkinos« (Feelies), bei denen durch implantierte Elektroden Empfindungen vorgetäuscht wurden; die Verhaltensänderungen durch ständige unterschwellige Wiederholungen und den Einsatz verschiedener künstlicher Hormone.

Nachdem das jüngere dieser Bücher, »1984«, mehr als ein halbes Jahrhundert alt ist, können wir erkennen, dass die politischen Voraussagen des einen, »1984«, ganz und gar falsch waren, während die technologischen Prophezeiungen beider Werke in erstaunlichem Maße Wirklichkeit wurden – nur anders.

Informationstechnologie und Biotechnologie

Was lernen wir für die Wirkungsgesellschaft 2020?

1. Was sagte George Orwell in »1984« zur Informationstechnologie voraus?

Das Jahr 1984 ging vorbei, während die Vereinigten Staaten immer noch in den Auseinandersetzungen des Kalten Krieges mit der Sowjetunion steckten. In jenem Jahr führte IBM ein neues Modell des Personalcompu- 07.00
ters ein, der die PC-Revolution einläuten sollte: Anstatt dass jeder vom Großen Bruder beobachtet wurde, konnten sich die Menschen den PC und das Internet zunutze machen, um dem Großen Bruder auf die Finger zu schauen; allenthalben wurden Regierungen, Firmen und Organisationen veranlasst, mehr über ihr eigenes Tun mitzuteilen. Seit 1984 waren keine fünf Jahre vergangen, da brach mit einer Reihe dramatischer Ereignisse, die man zuvor für eine Art politischer Sciencefiction gehalten hätte, die Sowjetunion und ihr Imperium zusammen. Sinnbild ist und bleibt der Fall der Berliner Mauer. Damit verschwand die totalitäre Bedrohung, die Orwell mit seinem »big brother is

watching you« so anschaulich heraufbeschworen hatte. Sehr bald war die Ansicht zu vernehmen, dass der Zusammenbruch der totalitären Imperien und das Auftauchen des Personalcomputers sowie anderer preis-
06.00 werter Formen von Informationstechnologien durchaus miteinander zu tun hätten. Die totalitäre Herrschaft hing nämlich von der Fähigkeit eines Regimes ab, sich das Informationsmonopol zu sichern, und sobald die moderne Informationstechnologie das unmöglich machte, wurden die Autorität des Regimes untergraben und die klassischen Tyrannen vertrieben.

Und was lernen wir aus dem Buch »1984« für die »Wirkungsgesellschaft 2020«? Mit modernen Informationstechnologien tauschen sich die Menschen immer häufiger im Cyberspace aus. Weg ist das Informationsmonopol, weg ist auch der Große Bruder: Noch nie in der Geschichte ist Information so schnell zugänglich wie heute – und das für alle Menschen.

Solange es Neues zu vermelden gibt, schauen Menschen im Internet auf Belangloses und Oberflächliches, hören im Handy Müll und Schrott. Wir sehen meist nur an Menschen und Unternehmen heran, selten in sie hinein. Verlässliches Wissen, wie Menschen und/oder
05.00 Unternehmen wirken, entsteht kaum. Wenn tagtäglich 20.000 Reize auf unsere Augen einprasseln, wie sollen wir dann noch den Spreu vom Weizen trennen? Es geht weiter – nur sagt kaum jemand wohin. In dieser virtuell entgrenzten Welt verlieren viele Menschen den festen

Halt. Auf verbindliche Tugenden wie Rücksichtnahme, Hilfsbereitschaft, Ehrlichkeit, Freundlichkeit, Höflichkeit können sie sich nicht mehr verlassen. Nicht zufällig heißt ein Ergebnis des Deutschen Trendtages 2002 in Hamburg: »Vorne ist da, wo sich keiner auskennt.« Anders in der schönen neuen Wirkungsgesellschaft 2020. Dazu vernehmen wir demnächst den Orakelspruch.

2. Was sagte Aldous Huxley in »Schöne neue Welt« zur Biotechnologie voraus?

Im Unterschied zu »1984« tritt in der »Schönen neuen Welt« das Leiden der Menschen nicht so offen zutage, denn niemand wird gefoltert. Tatsächlich sagt das Buch eine schöne neue Welt voraus, in der alle alles bekommen, was sie haben wollen. In dieser Welt sind Streit und Übel abgeschafft, es gibt keine Depressionen, keine Illusionen, keine Einsamkeit, keine emotionalen
Schwierigkeiten. Innerhalb der Regierung gibt es sogar 04.00
ein Ministerium, das dafür zu sorgen hat, dass der Zeitraum zwischen dem Auftauchen eines Wunsches und dessen Befriedigung möglichst kurz gehalten wird! Das gilt insbesondere für Sex. Niemand nimmt die Religion mehr ernst, niemand neigt zu Empfindsamkeit oder verspürt ein unerwidertes Verlangen. Abgesehen von Michel, dem Wilden, der Hauptgestalt des Buches, vermisst dergleichen niemand, denn alle sind glücklich und gesund.

Seit Erscheinen dieses Romans sind auf den höheren Schulen wohl einige Millionen Aufsätze über die Frage geschrieben worden, was an dem hier entworfenen Bild falsch ist. Die Antwort – die jedenfalls, die von den Lehrkräften die besten Noten erhält – lautet ungefähr folgendermaßen: Die Menschen in der »Schönen neuen Welt« sind gesund und glücklich, aber es handelt sich bei ihnen nicht länger mehr um menschliche Wesen. Sie kämpfen nicht mehr, hoffen nicht mehr, lieben nicht mehr, verspüren keinen Schmerz, treffen keine
03.00 schwierigen Entscheidungen über moralische Fragen, haben keine Familie und tun nichts von all dem, was wir gewöhnlich mit dem Menschsein in Zusammenhang bringen. Sie verfügen nicht mehr über die Eigentümlichkeiten, die uns menschliche Würde verleihen. Nachgerade gibt es so etwas wie die menschliche Gattung nicht mehr, denn die »neuen Menschen« sind von den Aufsichtsräten so herangezüchtet worden, dass sie gesonderte Kasten – die Alphas, Betas, Epsilons und Gammas – bilden. Ihre Welt ist zutiefst unnatürlich geworden, weil die menschliche Natur verändert worden ist. Die Menschen sind zwar »entmenschlicht«, leben aber nicht im Elend, sie wissen nicht, dass sie dehumanisiert worden sind, und – was noch schlimmer ist – es wäre ihnen gleichgültig, wenn sie es wüssten. Bei ihnen handelt es sich in der Tat um glückliche Sklaven in einem Sklavenglück.

**Und was lernen wir aus der »Schönen neuen Welt« für
eine »Schöne neue Wirkungsgesellschaft 2020«?** Wenn
diese Art von Antwort im Allgemeinen auch vollkom-
men ausreicht, um den gewöhnlichen Oberstufenleh-
rer zufrieden zu stellen, so treibt die Sonde nicht
annähernd weit genug in die Tiefe. Denn wir können
uns weiter fragen, warum es denn so wichtig sein mag,
ein menschliches Wesen im traditionellen Sinn zu sein,
wie Huxley es zeichnet. Huxley sagt uns ja eigentlich,
wir sollten fortfahren, Schmerz zu erleiden, Nieder- 02.00
geschlagenheit oder Einsamkeit zu empfinden und an
zehrenden Krankheiten zu leiden. Ganz sicher ist das
kein Programm, um Menschen für eine schöne neue
Wirkungsgesellschaft 2020 zu gewinnen. Aber auch
Huxleys Utopie ist kein Programm, um Menschen zu
gewinnen. Huxley hat die Menschen lethargisch ge-
macht. Die schöne neue Wirkungsgesellschaft reißt die
Menschen aus der Lethargie: Viele Menschen wirken
zwar. Solange sie ihre Wirkungen nicht wirklich be-
obachten, bleiben sie ahnungslos und dümpeln stumpf
dahin. Wirkungswissen verleiht Menschen einen höhe-
ren Selbstwirkwert und verschafft anderen Menschen
und Unternehmen gegenüber eine beobachtbare und
messbare Wertschätzung.

Die erste große Revolution im 21. Jahrhundert

01.00

Vorne ist da, wo ich wirke

Um Menschenwürde zu schaffen, brauchen wir einen neuen Ansatz: Worauf die Aufmerksamkeit heute zielt, sind flinke Zungen und emsige Macher. Sosehr Worte und Taten überwertet sind, so sehr sind deren Wirkungen unterbewertet – als öffentliches Thema, als Erfolgsfaktor, als Kennzahl für Unternehmensleistungen, als persönlicher Leistungsausweis.

Und so geschieht es, dass wir den Orakelspruch vernehmen:

00.00 **»Vorne ist da, wo ich wirke für mich und andere.«**

Nicht dass Menschen bis jetzt nicht gewirkt hätten. Erst wenn es uns gelingt, Menschen zu überzeugen, die Wirkungen unserer Worte und die Wirkungen unserer Taten und die Wirkungen unserer Macht zu beobachten, mitzuteilen und zu bewerten, bereiten wir den Weg für eine schöne neue Wirkungsgesellschaft 2020.

Schließlich sind wir Menschen von heute das stets vorläufige Ergebnis einer Entwicklung, die sich über Millionen Jahre erstreckt hat und das sich, wenn alles gut geht, bis 2020 und in die weitere Zukunft hinein verbessern wird. Es gibt keine ein für alle Mal festgelegten menschlichen Eigenschaften, sieht man von der grundlegenden Fähigkeit ab, selbst zu entscheiden, was wir mit wem wie wann wo warum und wozu wirken wollen.

Wir brauchen ein Minimum an gültigen, gemeinsam geteilten Vereinbarungen und nicht ein Maximum an gemeinsam geteilten, global gültigen Werten. Vom Verfall der Werte kann nicht die Rede sein. Nur vom Verfall der Allgemeingültigkeit von Werten: Individuelle Absprachen ersetzen moralische Normen. Mit dem weltweiten Einsatz von Informationstechnologien entsteht ein moralischer Networkpluralismus. Und da schließt sich der Kreis: Informationstechnologien eignen sich hervorragend, individuelle moralische Netzwerke pluralistisch auszuhandeln und in aller Welt zeitverzugslos verantwortungsvolle Wirkungen zu erzeugen. Dazu brauchen wir keine biotechnologisch dehumanisierte Wesen. Dazu brauchen wir echte Menschen aus Fleisch und Blut, hienieden auf Erden im wirklichen Leben. Allein deshalb verzichten wir auf eine Utopie mit Romanfiguren wie »1984« oder »Schöne neue Welt«. Wir schreiben keinen Roman.

Wir setzen auf eine Erfolgsgeschichte, die sich mit real existierenden Menschen realisieren lässt: »Vorne ist da, wo ich wirke – für mich und andere.« Und real existierend sollen auch die Wirkungsgeschichten dieser Menschen sein: beobachtbar, sichtbar, spürbar, greifbar, messbar, achtbar, nachprüfbar. Das heißt: Menschen in einer Wirkungsgesellschaft führen ein eigenständiges, starkes Leben, wenn sie sich persönlich, authentisch, als Causa für nachweisbare und überprüfbare Wirkungen und Wirkungsreihen erleben. Nicht nur virtuell im Cyberspace, sondern auch im realen Leben. Wohlverstanden persönlich veranlasste und verantwortete Wirkungen im eigenen, einmaligen, einzigartigen Leben hier und jetzt. Wirkmenschen kennen sich vorne aus, weil sie ihre Wirkungen kennen. Mit diesem Ansatz streben wir eine schöne neue Wirkungsgesellschaft 2020 an.

Wir zetteln eine Revolution nicht von unten und nicht von oben an. Die Wirkungsgesellschaft ist eine Revolution von innen. Keine gewalttätige. Eine natürliche. Eine gesittete. Eine menschliche. Wirkung fängt im Menschen an.

Mit der Wirkungsgesellschaft setzen wir eine Umwälzung in Gang, die ihresgleichen sucht. Es gibt keine menschliche Eigenschaft und keinen gesellschaftlichen Bereich, der nicht aufgemischt und neu ausgerichtet würde.

Bettflucht im besten Sinne

Wirkmenschen wittern Morgenluft

Gehören Sie zu den Menschen, die den Wecker kaum erwarten mögen? Wenn dem so nicht sein sollte, kann es noch werden. **Menschen, die das Buch des Lebens gelesen und begriffen haben, mögen den Wecker in der Frühe kaum mehr erwarten.** Diese Menschen spüren, dass ihnen ein Leben in einer schönen neuen Wirkungsgesellschaft 2020 geschenkt ist, um etwas Wirksam-Wundervoll-Wertvolles zu schaffen. Gerade deshalb packt diese Menschen so etwas wie eine Sehnsucht, aufstehen zu dürfen. Diese Menschen ergreift die Bettflucht im besten Sinne des Wortes. Selbst ausgebuffte Morgenmuffel wittern Morgenluft. In ihr Leben strömt gar so etwas wie Morgenduft – sie finden Geschmack an Wirkungen, die sie im Großen als auch im Kleinen für sich und andere erzeugen. Es gibt dafür keine Vorschrift. Es gibt dafür nur ein Leben, Ihr Leben hier und jetzt. Deshalb ist das Buch des Lebens so etwas wie ein **Menschenwecker**. Nicht, dass es den Menschen auf den Wecker gehen würden. Im Gegenteil: Es weckt in den Menschen Lust auf Wirkungen. Und Lust, sich daran zu erfreuen.

Der Wirklichkeit ausgesetzt

Jemand ärgert sich immer

Menschen rackern sich ab – für das Unternehmen, für die Familie, für den Verein. Sie tun es voller Überzeugung und voller Selbstzweifel, denn was heute für morgen richtig scheint, kann morgen für übermorgen hindernisreich sein. Aus den Furchen und Falten der Wirkmenschen spricht die Redlichkeit. Sie setzen ihre urmenschlichen Wirkungsabsichten der beruflichen und familiären Wirklichkeit aus.

Und die Wirklichkeit besteht aus anderen Menschen, anderen Einsichten, anderen Aussichten, aus Menschen, die anders denken und fühlen, andere Interessen vertreten. Einsichtige Wirkmenschen mit Aussicht auf Erfolg laden solche Menschen an den Verhandlungstisch. Jemand ärgert sich immer.

Ärger, Ärger, nichts als Ärger?

Aller Anfang ist Wirkung

Machen wir uns nichts vor. Das Leben ist kein Sonntagsspaziergang, schon gar kein Honigschlecken. Das Leben bereitet …

Niederträchtigkeit Zorn

Arglist

Entzweiung Wirrnis

Rückschläge Wirrsal

Verstimmung

Zwietracht

Ungemach Knatsch

Jähzorn

Ärger

Zwist

Last Unannehmlichkeiten

Leid

Zerwürfnis Schmerzen Rache

Bruch Gezänk Sorgen Ingrimm

Streit

Verwirrung

Grimm Kummer

Hader

Gram

Zank

Wut Argwohn

Hand aufs Herz: Ein(e) jede(r) hat diese allzu menschlichen Regungen und Erregungen zwischen Ärger und Zwist durchlitten und überlebt. Ein Maschinenführer in der Kalenderproduktion, eine Frisörin, ein Vorstandsvorsitzender, ein Hausmann, ein Schichtarbeiter – sie alle ärgern sich. Sobald sie sich vor Augen führen, was sie stündlich, täglich, jährlich bewirken, steigt das Selbstwirkgefühl. Das ist der erste Schritt hin zu einer schönen neuen Wirkungsgesellschaft 2020.

Ärgerlich ist nur, dass sich Menschen immer und immer wieder selbst ins Elend stürzen, es sei denn, sie machen sich die neuen Sicht-, Denk- und Handlungsweisen der Wirkmenschen zu Eigen.

Wirkmenschen setzen den Hebel etwas anders an: Aller Anfang ist Wirkung für sich und andere, anregend und nicht aufregend, aufbauend und nicht abschätzig. Damit wir uns richtig verstehen: Ich verspreche Wirkmenschen nicht das Paradies auf Erden. Die Welt begegnet Wirkmenschen weniger ärgerlich, nicht mehr und nicht weniger. Und das ist schon eine ganze Menge auf dem Weg zu einer schönen neuen Wirkungsgesellschaft.

Wer ist besser als Sie?

Wer ist besser als Sie? Sie selbst. – Besser, als Sie es sich selbst bislang erlaubt haben. Wie ist das zu verstehen? Nicht als noch klüger, noch größer, noch redseliger, noch hektischer. Nur als Mensch, der vom Vordergründigen zum Hintergründigen, vom Offensichtlichen zum Verborgenen und vom Oberflächlichen zum Tiefgründigen vorstößt. Und sich dadurch mehr Wissen über Wirkungen und Wirkungen seiner Wirkungen verschafft. Nicht immer, aber immer öfter. Mit diesem feinen Sensorium ausgestattet, weiten Menschen ihren Wirkhorizont, spüren bislang unbeachtete Wirkungen ihrer Worte und Taten auf, freuen sich über die Werthaltigkeit ihrer Wirkungen, bekommen Appetit auf weitere Wirkungserfolge.

Für eine schöne neue Wirkungsgesellschaft 2020
- brauchen wir keine Besserkönner
- brauchen wir keine Bessermacher
- brauchen wir keine Bessersprecher

Wir brauchen Besserwirker.

Wir brauchen wissenshungrige (Erkenntnisdrang) und tatendurstige (Umsetzer) Persönlichkeiten als Lebenshandwirker, die achtbare Wirkungen nach Maß – nach

Maßgabe eines Wechselspiels zwischen Eigen- und Fremdnutz – erzeugen.

Zu diesen Persönlichkeiten, zu diesen Revolutionären zähle ich Sie. Und auf Sie zähle ich – für ein schönes neues Leben in der Wirkungsgesellschaft 2020. So lasst uns denn unter Revolutionären zurufen: Werke, wirke und werde Gesellschafter der Wirkungsgesellschaft 2020. Die erste große Revolution des 21. Jahrhunderts beginnt mit Ihnen.

Literatur

Berger, P. L./Luckmann, T.: Die gesellschaftliche Konstruktion der Wirklichkeit. Frankfurt 1980.

Blumenberg, H.: Lebenszeit und Weltzeit. Frankfurt 1986.

Camartin, I.: Lob der Verführung. Zürich 1990.

Darwin, C.: On the Origin of Species. London 1959.

Descartes, R.: Discours de la Méthode. Frz.-dt. Herausgabe L. Gäbe. Hamburg 1990.

Deutsch, K. W.: Politische Kybernetik. Freiburg 1973.

Dönhoff, Marion Gräfin: Zivilisiert den Kapitalismus. Index 2/2000.

Geisel, S.: McDonald's Village. Zürich 2002.

Fukuyama, F.: Our Posthuman Future. New York 2002.

Huxley, A.: Schöne neue Welt. Frankfurt 2002. 60. Auflage. Wie Originalausgabe erschien 1932 unter dem Titel »Brave new World«.

Kay, L. E.: Das Buch des Lebens. Wien 2001.

Küng, H.: Projekt Weltethos. München 1990.

Lübbe, H.: Im Zug der Zeit. Verkürzter Aufenthalt in der Gegenwart. Berlin 1992.

Lüönd, K.: Entwürdigendes Menschenbild. Zürcher Wirtschaft 2/2003.

Orwell, G.: 1984. München 2002. 36. Auflage. Das Original erschien 1949 unter dem Titel »Nineteen Eighty-Four«.

Peters, T.: Der Innovationskreis. Düsseldorf 1998.

Popper, K. R.: Die offene Gesellschaft und ihre Feinde. Bern 1980.

Schaller, B.: Die Macht der Psyche. München 2003.

Schaller, B.: Die Macht der Sprache. München 2002.

Smith, A.: Der Wohlstand der Nationen. München 1993.

Watzlawick, P.: Wie wirklich ist die Wirklichkeit? München 1976.

Weizsäcker, C. F. von: Der Garten des Menschlichen. Wien 1978.